Hans-Jürgen van der Gieth

Lernzirkel –
Die neue Form des Unterrichts

Hans-Jürgen van der Gieth

Lernzirkel –
Die neue Form des
Unterrichts
– Eine Einführung –

Buch Verlag Kempen

Inhaltsverzeichnis

Vorwort

Vor mehr als 25 Jahren hatte ich die Möglichkeit das niederländische Schulsystem näher kennen zu lernen. Eine Woche lang besuchte ich gemeinsam mit anderen angehenden Lehrern verschiedenste Schulformen. Dabei wird mir der Besuch einer Schule immer im Gedächtnis haften bleiben. An einem Schulmorgen besuchten wir eine Peter-Petersen-Schule (Grundschule) in einem kleinen niederländischen Ort in Küstennähe. An diesem Morgen beobachtete ich eine Schülergruppe von ca. 15 Jungen und Mädchen, die im Halbkreis sitzend einem Mitschüler zuhörten, der gerade einen „Vortrag" an einer Wandkarte hielt und mit dem Zeigestock seinen Erklärungen Nachdruck verlieh. Mindestens zwanzig Minuten „unterhielt" dieser etwa zehnjährige Junge seine Mitschüler mit seinen Ausführungen zur Topographie der Niederlande. Ein Lehrer war weit und breit nicht zu entdecken. Auf Nachfrage wurde uns erklärt, dass die Kinder jeden Morgen zwei Stunden „freie Unterrichtung" hätten, bei der sie sich selbstständig Unterrichtsinhalte aneignen würden. Und das, was wir bei dem Jungen und seiner Schülergruppe sehen würden, sei normal. Tief beeindruckt verließen wir diese Schule und träumten davon, dies auch bei uns in der Bundesrepublik anzutreffen. Schüler arbeiten selbstständig, hören interessiert einander zu, bringen sich gegenseitig etwas bei ... – pädagogisches Schlaraffenland.

Von einem pädagogischen Schlaraffenland sind wir heute weiter entfernt denn je. Doch unsere Ziele sind die gleichen geblieben: Wir wollen unsere Schülerinnen und Schüler möglichst optimal „aufs Leben vorbereiten", ihnen helfen mündig zu werden, ihr Leben selbstbestimmt und verantwortungsbewusst leben zu können, selbstständig zu sein bzw. zu werden ... .

Das Bild des selbstständig lernenden Schülers als Ziel meiner „pädagogischen Bemühungen" habe ich nie aus den Augen verloren. Und mit der Entwicklung der *Lernzirkel*-Konzeption, die in diesem Buch vorgestellt wird, hoffe ich, diesem Ziel ein Stückchen näher gekommen zu sein.

Als ich im Jahre 1995 einen Aufsatz zur *Lernzirkel*-Konzeption veröffentlichte, war die Resonanz groß. Aus allen Teilen der Bundesrepublik bekam ich Anfragen nach genaueren Informationen zu dieser Form des Unterrichts. Zu dieser Zeit hatte ich zwei konkrete *Lernzirkel* (*Lernzirkel* Wahlen und *Lernzirkel* Schindlers Liste) publiziert. Inzwischen habe ich weitere *Lernzirkel* veröffentlicht und zahlreiche Fortbildungsveranstaltungen zur *Lernzirkel*-Konzeption durchgeführt. Und immer wieder wurde der Wunsch nach einer zusammenfassenden Darstellung dieser Konzeption laut. Vor allem Lehramtsanwärter äußerten diesen Wunsch.

Nun habe ich eine Zusammenfassung „meiner" *Lernzirkel*-Konzeption in diesem Buch vorgenommen – in der Hoffnung, grundlegende Informationen vermittelt und möglichst viele Interessenten für diese Form des Unterrichts gewonnen zu haben.

Wegen der besseren Lesbarkeit wird im Text auf die gleichzeitige Nennung der männlichen und weiblichen Form verzichtet. Vielmehr werden sie im Wechsel benutzt.

Der Text wurde nach den Regeln der neuen Rechtschreibung verfasst. Lediglich in Zitaten ist die ursprüngliche Schreibweise beibehalten worden.

Über Ihre Reaktionen, Anregungen und Kritik, würde ich mich sehr freuen!

Hans-Jürgen van der Gieth

Übrigens: Vom Dalton-Plan (1. Kapitel in diesem Buch) habe ich auch bei der oben genannten Niederlande-Exkursion zum ersten Mal gehört.

Einleitung

Kaum ein Bereich des öffentlichen und gesellschaftlichen Lebens hat in der letzten Zeit eine derart große Aufmerksamkeit erfahren, sind die Versäumnisse der letzten Jahre derart massiv angeprangert worden, ist eine Institution im öffentlichen Bewusstsein so in Misskredit geraten wie die öffentliche Schule und ihr „Personal", die Lehrerinnen und Lehrer. Kritik wurde und wird geäußert aus berufenem Munde, von Leuten, die es besser wissen müssten, von betroffenen Schülern und Eltern, auch von den Lehrerinnen und Lehrern selbst, von Ministerialbeamten, von Politikern jeglicher Prägung, von den Ausbildern in Industrie und Handwerk, Handel und Verwaltung. Kritik wird geübt am Schulsystem in seiner Gesamtheit, am Unterricht im Besonderen, an der Art und der Qualität der Bildungsabschlüsse, der Dauer der Schulzeit, an den Unterrichtsmethoden, den Erziehungsformen, den Begleiterscheinungen schulischer Realität … . Jeder meint sich ein Urteil über Schule erlauben zu können; in Fragen von Schule sind wir schließlich alle irgendwie Fachmann, denn jeder hat diesen Lebensbereich aus eigener Anschauung kennen gelernt. So kann also jeder sein Urteil über die Schule abgeben, wobei er medienwirksam von den einschlägigen Zeitschriften und Fernsehsendern unterstützt wird: So wird der faulste Lehrer Deutschlands gekürt; ein ehemaliger Ministerpräsident eines Bundeslandes urteilt in ähnlicher Weise, indem er alle Lehrer als faul diffamiert. Lehrer werden als die Ferienkönige der Nation bezeichnet, Schulen als Stätten übelster Gewaltausübung, ja als kleine Mafiazentralen diskreditiert. Frust und Resignation, Drogen, Aggression und Gewalt würden, so die öffentliche Darstellung, das Leben in der Schule von heute bestimmen. Dass sich diese Kritik teilweise auf einem geradezu unwürdigen Niveau abspielt, kann zwar ärgerlich stimmen, beeinträchtigt aber die Wirksamkeit der Darstellungen keineswegs. Im Gegenteil.

Aber, und da sind sich eigentlich alle einig, die sich mit der Schule von heute auskennen, es ist auch etwas dran am schlechten Image unserer aktuellen Schullandschaft, unseres Schul- und Bildungssystems. Zweifellos hat die Gewalt an den Schulen in den letzten Jahren zugenommen, hat sie teilweise erschreckende Formen angenommen. Lustlosigkeit vieler Schülerinnen und Schüler sind oftmals das herausragende Merkmal des Schulalltags. Konzentrationsmangel, eine schlechte Arbeitshaltung und geringe Leistungsbereitschaft sind keine Einzelphänomene in vielen Schulklassen. Disziplinlosigkeit und permanente Unterrichtsstörungen werden als beinahe normal von Schülern und Lehrern im Schulalltag erfahren. Frustrierte und überforderte, resignierende Lehrerinnen und Lehrer sind am Ende ihrer Kraft, werden frühpensioniert, quittieren entnervt ihren Dienst oder ziehen sich in eine Art innere Emigration zurück. Immer größer werdende Klassen, geringere finanzielle Mittel sowie steigende Pflichtstundenzahlen der Lehrerinnen und Lehrer verschlechtern die ohnehin schon schwierige Situation.

Doch was nützt das Geschrei, was nützt weinerliches Beklagen der beklagenswerten Situation? Gar nichts! Es hilft weder den Kindern und Jugendlichen, noch den

Lehrerinnen und Lehrern, nicht der Bildungseinrichtung Schule und damit auch nicht der Gesamtgesellschaft, die auf einen gut funktionierenden Bildungsapparat und auf leistungsstarke „gute" Schulen angewiesen ist.

Zweifellos sind in den letzten Jahren zahlreiche Versuche unternommen worden, Schule und Unterricht zu verändern, die Lernbedingungen den aktuellen Erfordernissen, den „neuen Kindern", anzupassen, kurz: „gute Schule" zu realisieren.
Aber was ist das, eine „gute Schule"?
Nicht zuletzt hierüber soll in diesem Buch zu lesen sein, über Möglichkeiten, „gute Schule" zu verwirklichen, einen Unterricht zu gestalten, der den heutigen Erfordernissen gerecht wird, der den Kindern und Jugendlichen Spaß am Lernen vermitteln kann, der effektives Lernen ermöglicht und nicht zuletzt auch den Lehrenden Erfolgserlebnisse und damit berufliche und persönliche Zufriedenheit bringt.

Die in diesem Buch vorgestellte *Lernzirkel*-Konzeption stellt eine neue Form des Lernens und des Unterrichtens im Rahmen eines offenen Unterrichts dar. Sie stellt, aus langer Erfahrung heraus und vielfach „getestet", eine Möglichkeit dar, Unterricht lustvoller und effektiver sowie „adressatengerechter", d. h. kindgemäßer zu gestalten.
Gleichzeitig bietet die Realisierung der *Lernzirkel*-Konzeption einen wirksamen Beitrag zur Qualitätssicherung von Schule und Unterricht.

Dieses Buch will Sie, liebe Leserin, lieber Leser, einladen, eine Unterrichtsform kennen zu lernen, die Ihnen wahrscheinlich relativ fremd sein wird. Wohl wird sie schon seit vielen Jahren im Sportunterricht praktiziert. Und in den achtziger Jahren gab es vorsichtige Anfänge im Grundschulbereich. Doch bisher gibt es weder eine grundlegende theoretische Darstellung, noch eine umfassende „Anleitung" zur praktischen Umsetzung der Konzeption. Wenige konkrete *Lernzirkel* sind auf dem Markt, die erste Versuche darstellen, das *Lernzirkel*-Konzept einer breiteren Öffentlichkeit vorzustellen und ihre Brauchbarkeit unter Beweis zu stellen.

In diesem Buch soll also eine Gesamtdarstellung von Theorie und Praxis der *Lernzirkel*-Konzeption gewagt werden, bei dem konkrete Realisierungsmöglichkeiten die Darstellung ergänzen.

1. Geschichte und Idee der *Lernzirkel*-Konzeption

Ansätze in der Reformpädagogik: Der Dalton Plan

Zwar ist die *Lernzirkel*arbeit im „normalen" Unterricht noch recht wenig bekannt, jedoch gehen die Anfänge einer solchen Konzeption auf das Jahr 1920 – ein typisches Kind der Reformpädagogik also – zurück. Die **Montessori**-Schülerin **Helen Parkhurst** entwickelte in ihrem „Dalton-Plan" eine Möglichkeit der Binnendifferenzierung, bei der sie sich die schulische Arbeit mit altersgemischten Kindern erleichtern wollte. Beim Dalton-Plan handelt es sich um die Konzeption eines schülerzentrierten, individualisierten Unterrichts. Die Interessen der Schüler, die unterschiedlichen Lernebenen und Lerntempi werden konsequent zum Ausgangspunkt des Unterrichtsprozesses gemacht. Insofern liegt hiermit eine grundlegende Konzeption vor, um das äußerst schwierige Problem der Unterrichtsdifferenzierung zu lösen. Der Dalton-Plan zeichnet sich dadurch aus, dass es sich nicht um ein geschlossenes System oder eine festgefügte Methode handelt. Vielmehr ist er von Variabilität und Flexibilität gekennzeichnet. Seine Grundprinzipien, wie z. B. die teilweise Auflösung des Klassenverbandes, wird durch die individuelle Arbeit der Schüler immer wieder neu mit den komplexen Bedingungen und Voraussetzungen des jeweiligen Schulfeldes in Einklang gebracht. Lassen wir hierzu Helen Parkhurst selber zu Wort kommen. Die Aktualität ihrer Aussagen ist verblüffend:

Die Kinder müssen im Mittelpunkt der pädagogischen Bemühungen stehen

„... Heutzutage denken wir zu viel an Lehrpläne und zu wenig an Jungen und Mädchen. Der Dalton Laboratory Plan ist kein Allheilmittel für Mißstände im Bildungssystem. Er ist ein Weg, über den der Lehrer an das Problem des Lernens herankommen kann. Er diagnostiziert schulische Zustände mit dem Blick auf Jungen und Mädchen. Lehrstoffschwierigkeiten betreffen Schüler, nicht Lehrer. Der Lehrplan ist lediglich unsere Methode, ein Mittel zum Zweck. Das Instrument, auf dem gespielt werden soll, ist der Junge oder das Mädchen.
Unter den Bedingungen, die in der durchschnittlichen Schule gegeben sind, können die Kräfte dieser Jungen und Mädchen nicht frei strömen. Die kopflastige Organisation ist für den Erzieher geschaffen worden, und man erwartet von den Lehrern, daß sie mit ihrer Hilfe ihre Probleme lösen. Ich aber behaupte, daß das echte Erziehungsproblem nicht ein Problem des Lehrers, sondern ein Problem des Schülers ist. Sämtliche Schwierigkeiten, die dem Lehrer zu schaffen machen, rühren von den ungelösten Schwierigkeiten der Schüler her. Verschwinden diese, so werden sich jene ebenfalls auflösen, aber zuerst muß die Organisation der Schule und ihr Begleitapparat für das Kind neu geschaffen werden, dieses Kind, das leistungsschwach und reizbar gemacht wird, weil es gezwungen ist, einen Apparat zu benutzen, der nicht sein eigener ist. Als erstes müssen daher sämtliche Hindernisse aus dem Weg geräumt werden, die den Schüler daran hindern, an sein Problem heranzukommen. Er allein weiß, welches seine wirklichen

Schwierigkeiten sind, und wenn er nicht lernt, sie zu beseitigen, so wird er lernen, sie zu verbergen. Bisher hat sich unser Erziehungssystem damit begnügt, nur das Oberflächenwasser seiner Energie anzuzapfen. Nun müssen wir versuchen, die tiefen Fluten seiner natürlichen Kräfte zu erreichen und freizulassen. Damit werden wir die Entfaltung seiner vitalen Kraft unterstützen und fördern und diese der Erziehungsarbeit nutzbar machen. Dies kann nicht dadurch erreicht werden, daß man die Arbeit des Schülers tut, sondern dadurch, daß man ihnen ermöglicht, seine eigene Arbeit zu tun. Das gute Einvernehmen zwischen Lehrer und Schüler ist wesentlich, wenn wir jene Gefühlskonflikte vermeiden wollen, die die störendsten unter den Übeln sind, welche der alte Schultyp vererbt hat.

Die Erfahrung des Dalton Laboratory Plan zeigt darüber hinaus, daß er den Schülern ebensosehr sittlichen wie geistigen Gewinn bringt. Wo er in Wirkung tritt, hören die Konflikte auf, verschwindet die Unordnung. Der Widerstand gegenüber dem Lernprozeß, den der alte, unelastische Apparat im Kind hervorruft, wird in Sichfügen, dann in Interesse und Fleiß verwandelt, sobald ihm die Freiheit gegeben wird, das Lernprogramm in seiner eigenen Weise auszuführen. Freiheit und Verantwortlichkeit vollbringen zusammen das Wunder.

Das Ziel des Dalton-Plan ist, kurz zusammengefaßt, ein synthetisches Ziel. Er weist einen einfachen und wirtschaftlichen Weg, wie die Schule als Ganzes auf eine Gemeinschaft wirken kann. Die Bedingungen, unter denen die Schüler leben und arbeiten, sind die Hauptfaktoren ihrer Umwelt, und eine günstige Umwelt sollte so beschaffen sein, daß sie Gelegenheit zu seelischem, ebenso wie zu geistigem Wachstum bietet. Die sozialen Erfahrungen, welche die Aufgaben begleiten, und nicht die Aufgaben selbst regen jene beiden Arten des Wachstums an und fördern sie. So legt der Dalton-Plan mehr Nachdruck auf die Bedeutung der Lebensweise des Kindes während seiner Arbeit und auf die Art und Weise, in der es sich als Glied der Gemeinschaft verhält, als auf die Fächer seines Lehrplanes. Die Gesamtheit dieser zweifachen Erfahrungen ist es, die den Charakter und das Wissen des Kindes bestimmt …

Da ist einerseits die Bildung. Wir schätzen sie als die Verkörperung unserer Kultur und wir wissen, daß die Stabilität unseres gesellschaftlichen Lebens davon abhängt, daß der größte Teil unserer Jugend wenigstens die Grundlagen unserer Bildung erwirbt. Der Dalton-Plan weist einen Weg, den Vorgang natürlich und spontan zu gestalten, statt erzwungen und willkürlich. Er weckt in dem Kind Selbstvertrauen und Unternehmungsgeist und regt so zugleich die Formung seines Charakters an. Da ist andererseits Lebenserfahrung für den kleinen Burschen. Er lernt in eigener Verantwortlichkeit in der Gesellschaft seiner Mitschüler, die alle in dem gleichen Abenteuer begriffen sind. Er knüpft in seinem Schulleben die gleiche Art von Beziehungen an, die er später in seinem Geschäfts- oder Berufsleben haben wird. Er lernt durch Probieren. Er müht sich nicht ab unter beständiger Leitung und dauerndem Zwang. Er ist ein Stück des wirklichen Lebens der Welt, er teilt seine Probleme, erkennt die Leere des Müßiggangs und erfreut sich der Früchte des Fleißes. An diesen Beziehungen ist nichts Falsches oder Gekünsteltes. Aber, und dies ist das Wichtigste, der Dalton-Plan gibt ihm auf dieser Grundlage volle zehn oder fünfzehn Jahre Vorsprung vor den Jungen oder Mädchen, die jetzt die Tretmühle unserer Tagesschulen hinter sich bringen." (aus: Hermann Röhrs (Hrsg.): Die Reform-pädagogik des Auslands; Düsseldorf und München, 1965. Primärquelle: Parkhurst, Helen: Education on the Dalton Plan, London, 1927)

Sind das nicht unsere Gedanken, die Gedanken und Vorstellungen derjenigen, die endlich eine **Schule für die Kinder** verwirklichen wollen? So modern uns Parkhursts Gedanken und Ideen auch vorkommen mögen, so bedauernswert ist es, dass sie anscheinend so wenig Beachtung in der pädagogischen Realität gefunden haben.

Und noch einmal möchte ich Helen Parkhurst zitieren:

Der Dalton Plan als Weg zur Neugestaltung des Unterrichts

„Ich komme nun zu einer Betrachtung des Dalton Laboratory Plan in seiner praktischen Anwendung auf das Erziehungsproblem. Um Klarheit zu schaffen, mag es vielleicht gut sein, zunächst zu sagen, was er nicht ist. Der Dalton Laboratory Plan ist kein System und keine Methode, die in langjährigem Gebrauch zu monotoner und einheitlicher Form erstarrt ist, dazu bestimmt, nachfolgenden Schülergenerationen ihren Stempel einzubrennen, so wie Schafe gebrandmarkt werden, wenn sie in die Herde kommen. Er ist kein Lehrplan, der allzu oft nur das Werkzeug ist, mit dessen

Hilfe die in den Maschen des Systems gefangenen Individuen abgestempelt werden. Konkret gesagt ist er ein Weg zur Neugestaltung des Unterrichts, der die beiden zusammengehörigen Tätigkeiten Lehren und Lernen in Einklang bringt. Wenn er mit Verstand angewandt wird, so schafft er Bedingungen, die es dem Lehrer möglich machen zu lehren, und dem Lernenden zu lernen. Um den Plan anzuwenden, ist es nicht nötig oder auch nur wünschenswert, die Klassen als Organisationseinheiten in der Schule abzuschaffen, ebensowenig wie den Lehrplan als solchen. Der Dalton Laboratory Plan behält beides bei. Jeder Schüler ist in eine Klasse eingeordnet, und für jede Klasse wird ein maximaler und ein minimaler Lehrplan aufgestellt. Aber bei seinem Beginn legt er den Schülern das gesamte Arbeitspensum in Form einer vertraglich festgelegten Aufgabe (contract job) vor. Der Lehrplan wird in Arbeitsaufgaben aufgeteilt und der Schüler nimmt die für seine Klasse festgesetzte Aufgabe in einem Vertrag an. Wenn auch die Kinder über der Mittelstufe davon dispensiert sind, so wird doch von den jüngeren erwartet, daß sie einen genauen Vertrag unterzeichnen, der zurückgegeben wird, sobald die Arbeitsaufgabe ausgeführt ist:
Da jeder Monat des Jahres seine eigene festgesetzte Aufgabe hat, umfaßt eine Vertragsaufgabe für jede Klasse die Arbeit eines ganzen Monats …" (aus: Parkhurst, ebd.)

18

Kein geschlossener Klassenverband, kein „Sitzenbleiben"

Für Helen Parkhurst war der geschlossene Klassenverband nicht genügend ergiebig und pädagogisch in vielerlei Hinsicht falsch. Sie kritisierte an ihm vor allem den gemeinsamen Unterricht ohne Rücksicht auf die Unterschiede der Individualitäten, der Begabungen und der Art des geistigen Fortschritts des einzelnen Schülers. Konsequenterweise lehnte sie auch die mit der Klassengliederung verbundene Versetzung bzw. die zwangsweise Wiederholung, das „Sitzenbleiben", ab.

Unterrichtsräume wurden bei Parkhurst als Facharbeitsräume eingerichtet (z. B. für Naturwissenschaften, Geschichte, Mathematik usw.) und mit entsprechenden Arbeitsmitteln (Büchern, Karten, Bildern, Werkzeugen etc.) ausgestattet.

Die Anfänge der Wochen- und Monatsplanarbeit

Während des Unterrichts erfüllten die Schüler in dem jeweiligen Fachraum bestimmte Arbeitsaufgaben, für die Anweisungen ausgegeben waren. Dafür wurden Jahrespläne in kleinere Abschnitte bis hin zu Wochenaufgaben aufgeteilt. Es gab verpflichtende Kernaufgaben und freiwillige Aufgaben nach Neigungen. Die Schüler bearbeiteten die Aufgaben möglichst alleine. Tauchten Schwierigkeiten auf, so konnten die Mitschüler sowie der anwesende Fachlehrer als Berater zu Hilfe geholt werden. Die Schüler führten eine so genannte

Schülertabelle („the pupils contract graph"), in die sie ihre Arbeiten eintrugen und sich so selbst kontrollierten. Der Lehrer führte ebenfalls eine Tabelle, kontrollierte die Schülertabellen und überprüfte den Lernfortschritt der Schüler durch entsprechende Tests.

Individuelle selbstständige Aufgabenerfüllung

Ähnlich wie Parkhurst arbeitete **Carleton Washburne** in Winnetka, einer Vorstadt von Chicago. Seine neuen schul- und unterrichtsorganisatorischen Wege zielten unter Beseitigung des Klassenunterrichts in erster Linie auf die individuelle selbstständige Aufgabenerfüllung durch die Verwendung von Arbeitsmitteln des Einzelnen. Washburne schuf hierfür geeignetes Lehr- und Lernmaterial („Individual work" oder „Individual technique"). Bei Washburne nahm die regelmäßige Gruppenarbeit einen breiten Raum des unterrichtlichen Geschehens ein. Neben den größeren inhaltlichen Möglichkeiten bei einer Gruppenarbeit betonte er insbesondere ihre soziale Komponente, die ihm erzieherisch besonders wichtig war. Wie auch bei Parkhurst und ihrem Dalton-Plan, so trat auch beim Winnetka-Plan Carleton Washburnes der Lehrer als Lehrender und Führender zurück und übernahm mehr die Rolle des Beraters, Organisators und Helfers bei den Lehr- und Lernprozessen.

In Deutschland beschritt der Universitätspädagoge **Peter Petersen** 1927 mit seinem als Schulversuch gestarteten „Jena-Plan" ähnliche Wege:

„Wie muß diejenige Erziehungsgemeinschaft gestaltet werden, in welcher sich ein Menschenkind die für es beste Bildung erwerben kann, eine Bildung, die seinem in ihm angelegten und treibenden Bildungsdrange angemessen ist, die ihm innerhalb dieser Gemeinschaft vermittelt wird und die es reicher, wertvoller zur größeren Gemeinschaft zurückführt, es ihr als tätiges Glied wiederum übergibt. Oder kürzer: Wie soll die Erziehungsgemeinschaft beschaffen sein, in der und durch die ein Mensch seine Individualität zur Persönlichkeit vollenden kann." (aus: Peter Petersen: Der Jenaplan einer freien allgemeinen Volksschule; Langensalza, 1927, S. 7)

Aus diesem Zitat wird deutlich, dass Petersen den Blick sowohl auf das einzelne Kind in seiner Individualität, seinem Bildungsdrang und seiner Aktivität als auch auf die Gemeinschaft richtet, in der, durch die und zu der es gebildet werden soll. Als die eigentliche Aufgabe der Erziehung sieht Petersen die Vereinigung dieser zwei Aspekte an. Petersen, dem es um die Schule im Ganzen, um die Neuentwicklung ihrer Struktur ging, stellte die Abschaffung der traditionellen Jahresklasse in den Vordergrund seiner Reform, da sie den Begabungen und Entwicklungsmöglichkeiten der Kinder nicht ausreichend gerecht würde. Die Maßnahmen zur Leistungsnivellierung in einer Jahresklasse, z. B. durch das übliche Selektionsverfahren, hielt er für erzieherisch falsch.

Favorisierung der selbstständigen Gruppenarbeit

Das Konzept der Jena-Plan-Schule stellte also eine Sprengung der starren Form der Klasse dar. Die Unterrichtung in Jahresklassen wurde durch eine differenzierte Durchgliederung des Schullebens und der Schularbeit (Kurs und Kreis, Gruppe) ersetzt. Hierdurch sollte eine individuelle und flexible Anpassung an veränderte Bedürfnisse und Verhältnisse ermöglicht werden. So wurde der frontale Lehrerunterricht durch vielfältige andere Formen des Unterrichtens abgelöst. Favorisiert wurde die selbstständige Gruppenarbeit.

In seinen „Grundzügen der Schulordnung und des Schullebens" sagte Petersen:

„Unterrichtlich verwendet sie (die Jena-Plan-Schule. Anm. d. Verfassers), je nach der Schülerindividualität, den in der Gruppe vorhandenen Begabungstypen, der Unterrichtszeit, dem Lehrstoff und dem Unterrichtsziel mannigfaltigste Arbeitsbetätigungen in den Formen des Einzelunterrichts, Gesamtunterrichtsformen, gegenseitigen Unterricht, Gruppenunterricht, gebundenen Unterricht, ausgedehnteren Unterricht im Freien und auf Wanderungen, sie gibt reichlich Gelegenheit zu werklich und künstlerisch gestaltender freier kindgemäßer Arbeit und später auch einführenden fremdsprachlichen Unterricht und erstrebt eine diesen Arbeitsformen entsprechende Ordnung des Schullebens im Gruppenraum wie in der ganzen Schule." (aus: Schulleben und Unterricht einer freien allgemeinen Volksschule nach den Grundsätzen Neuer Erziehung / Jenaplan, Erster Band; Weimar, 1930, S. 203)

Spiel und Gespräch als vorrangige Grundformen des Unterrichts

Neben der Auflösung der Jahresklassen standen bei Petersen das Spiel und das Gespräch als vorrangige didaktische und methodische „Grundformen" im Vordergrund. Petersen lehnte herkömmliche Zensuren und Zeugnisse ab. An ihre Stelle traten in den Jena-Plan-Schulen Berichte, und zwar objektive Berichte für die Eltern und subjektive für die Kinder. Dabei waren die Berichte für die Kinder deren Verständnis angepasst und auf die Selbsterziehung des Kindes gezielt. Zwang und Strafe lehnte Petersen ab.

So viel zu den reformpädagogischen Wurzeln der *Lernzirkel*-Konzeption, die sich in ihren Grundlagen an den Erkenntnissen und pädagogischen Grundsätzen und Absichten der dargestellten reformpädagogischen Ansätze orientiert.

Während der Zeit der nationalsozialistischen Herrschaft wurden in Deutschland die reformpädagogischen Bestrebungen unterdrückt. Auch in den anderen europäischen Staaten war nicht zuletzt aufgrund der Kriegsereignisse eine gewisse Stagnation in der pädagogischen Entwicklung und Gestaltung festzustellen. Deutlich ist jedoch, dass die Grundideen der Reformpädagogik direkt nach dem 2. Weltkrieg wieder auflebten und in den unterschiedlichsten Ausprägungen sowohl in die pädagogische Wissenschaft als auch in die pädagogische Praxis Eingang fanden.

Hinsichtlich der Wurzeln der in diesem Buch vorgestellten *Lernzirkel*-Konzeption stellt das Circuittrainigs-System der Engländer **Morgan und Adamson** aus den fünfziger Jahren einen wesentlichen Meilenstein in der *Lernzirkel*-Entwicklung dar. Kennzeichnend für das Sport-Trainingssystem des Circuit (Kreislauf, Umlauf) ist der Aufbau bestimmter Übungsstationen, an denen jeweils eine Übung – meist in einer bestimmten vorgegebenen Zeit oder aber nach einer bestimmten Auswahl von Wiederholungen – durchzuführen ist. Im Laufe der gesamten Trainingseinheit sind alle Stationen zu durchlaufen. Je nach Circuitaufbau können die einzelnen Stationen innerhalb einer Trainingseinheit auch mehrmals durchlaufen werden, so dass sich der jeweilige Trainingseffekt der einzelnen Übung erhöht. Wesentlich ist beim Circuittraining im Sportunterricht der Wechsel der Übungen, wodurch verschiedene physiologische Beanspruchungen nacheinander erfolgen.

Das Prinzip des Stationen- (= Übungs)wechsels nach vereinbarten Regeln wurde zur Grundlage für die Übertragung des Circuittrainings auf andere Fächer. So gibt es seit Mitte der achtziger Jahre erste Anfänge, die Prinzipien des Circuittraining des Sportunterrichts auf andere Fächer zu übertragen. Entstanden ist das Stationenlernen bzw. die *Lernzirkel*arbeit in allen Fächern..

2. Die *Lernzirkel*-Konzeption

2.1 *Lernzirkel*-Arbeit als Bestandteil eines offenen Unterrichts

Die *Lernzirkel*-Arbeit ist innerhalb der Konzeption eines offenen Unterrichts anzusiedeln.

Wesentliches Kennzeichen eines offenen Unterrichts ist es, die Schülerinnen und Schüler in den Mittelpunkt des Unterrichtsgeschehens zu stellen. Dabei sind ihre Interessen und individuellen Lernmöglichkeiten und -fähigkeiten zu berücksichtigen. Ins Zentrum von Unterricht, von jeglicher Organisation des Lernens wird das Subjekt, die Schülerin, der Schüler gestellt. Ihre persönliche Lebensgeschichte, ihre Vor-Erfahrungen und ihre aktuelle Lebenssituation, ihre individuellen Bedürfnisse und Interessen bieten die Grundlage für den Erziehungs- und Bildungsprozess in einem offenen Unterricht. Darüber hinaus lassen sich alle Versuche, eine Veränderung von Schule in der oben beschriebenen Weise zu vollziehen, als Formen offenen Unterrichts bezeichnen. Ferner stellt der Begriff des offenen Unterrichts auch eine Art Oberbegriff verschiedener didaktisch-methodischer Ansätze dar, die vor allem den Zielen von mehr Individualität, Schülergemäßheit, Erziehung zur Selbstständigkeit etc. Rechnung tragen wollen.

Ein weiteres Kennzeichen offenen Unterrichts ist seine Prozesshaftigkeit. Das bedeutet, dass er vor allem den Weg des Lernens, der Kenntnisaneignung und Erkenntnisgewinnung beschreibt. Insofern ist eine Standortbestimmung gleichzeitig auch immer die Beschreibung eines lediglich momentanen, auf Weiterentwicklung gerichteten Zwischenstandes. Der Charakter der Prozesshaftigkeit enthebt den Ansatz vom offenen Unterricht der Gefahr von Starrheit und mangelnder Flexibilität. Eine große Festschreibung unterrichtlicher Verfahrensweisen innerhalb des Konzeptes eines offenen Unterrichts würde dem Charakter dieses Unterrichts entgegen stehen. Zweifellos erfordert die „offene" Konzeption eines offenen Unterrichts Flexibilität, Ideenreichtum, Anpassungsfähigkeit und ein hohes Maß an sozialer und kommunikativer Kompetenz des Unterrichtenden. Wichtig ist die Erkenntnis für die Lehrerinnen und Lehrer, dass der Weg das Ziel ist und dass diesem prozesshaften Ansatz alle didaktischen und methodischen sowie organisatorischen Entscheidungen unterzuordnen sind. Selbstverständlich gibt es auch beim offenen Unterricht Leitlinien, Prinzipien, deren Beachtung notwendige Voraussetzung für ein Gelingen dieser Pädagogik ist.

Zu den wesentlichen Prinzipien eines offenen Unterrichts gehören:

• Öffnung für die Vorschläge und Ideen der Kinder und Jugendlichen.
Sie werden in ihren Bedürfnissen und Interessen wahr- und ernstgenommen. Ihre Umwelterfahrungen werden mit in den Unterricht aufgenommen und zur Grundlage des pädagogischen Prozesses gemacht. Im Rahmen eines so angelegten Unterrichts spielen selbstverständlich ein projekt- und handlungsorientiertes Konzept eine herausragende Rolle.

Die Schülerinnen werden stärker an der Mitgestaltung des Unterrichts, an seiner Planung, Vorbereitung, Durchführung und Reflektion beteiligt.

• Wahlfreiheit des Arbeitsangebots.
Im Rahmen der konkreten Bedingungen sollen möglichst die individuellen Bedürfnisse und Fähigkeiten der Schüler berücksichtigt werden. Dies geschieht in erster Linie durch unterschiedliches Arbeitsmaterial und entsprechende Arbeitsaufgaben.
Angemessen ist es, wenn die Lehrerin zum Beispiel in einem Wochen- oder Monatsplan das Minimalsoll (Pflichtaufgaben) festschreibt und darüber hinaus eine Reihe von freiwillig zu erledigenden Aufgaben (Wahlaufgaben) anbietet.
Es ist ein wesentlicher Effekt, dass hierdurch ebenfalls ein gezielt individualisiertes und differenziertes Arbeiten möglich wird.

• Wahlfreiheit der Sozialform.
Im Wesentlichen soll der Schülerin freigestellt werden, ob sie eine Aufgabe allein, in Partner- oder Gruppenarbeit erledigen möchte. In Einzelfällen ist es jedoch durchaus sinnvoll eine bestimmte Arbeitsform vorzuschreiben, zumal bestimmte Aufgabenstellungen (z. B. das Rollenspiel) eine bestimmte Sozialform erforderlich machen.

• Wahlfreiheit der Lern- und Arbeitszeit.
Innerhalb der offenen Unterrichtssituation soll dem Schüler der Freiraum gegeben werden, ohne Zeitdruck eine Aufgabe erledigen zu können. Durch den vorgege-

benen Wochen- oder Monatsplan ist sichergestellt, dass ein Mindestmaß an Aufgaben erledigt und somit der Lernerfolg weitgehend garantiert wird.

Wichtig bei der Einführung offener Unterrichtsformen ist die langsame Heranführung der Kinder und Jugendlichen an diese Art des Arbeitens. Ferner ist es unerlässlich, durch einen selbsterarbeiteten Regelkatalog die äußeren Bedingungen für ein erfolgreiches und effektives Arbeiten festzulegen. Insofern ist die nicht selten vertretene Meinung, dass offener Unterricht unverbindlich und chaotisch sei, falsch. Die Gefahr von Unverbindlichkeit und Chaos besteht nur dann, wenn die Schüler nicht richtig an diese Arbeitsweise herangeführt und die Regeln dieser Arbeit nicht eindringlich und verpflichtend vermittelt werden beziehungsweise wenn die Einhaltung der Regeln nicht konsequent eingefordert wird. Zweifellos gehört in der Anfangsphase einige Geduld seitens der Lehrerin dazu, um den Kindern und Jugendlichen die Möglichkeit zu geben sich an diese neue Arbeitsform zu gewöhnen.

Abschließend möchte ich die wesentlichen Elemente einer offenen Unterrichts-Konzeption noch einmal in einer kleinen Übersicht darstellen:

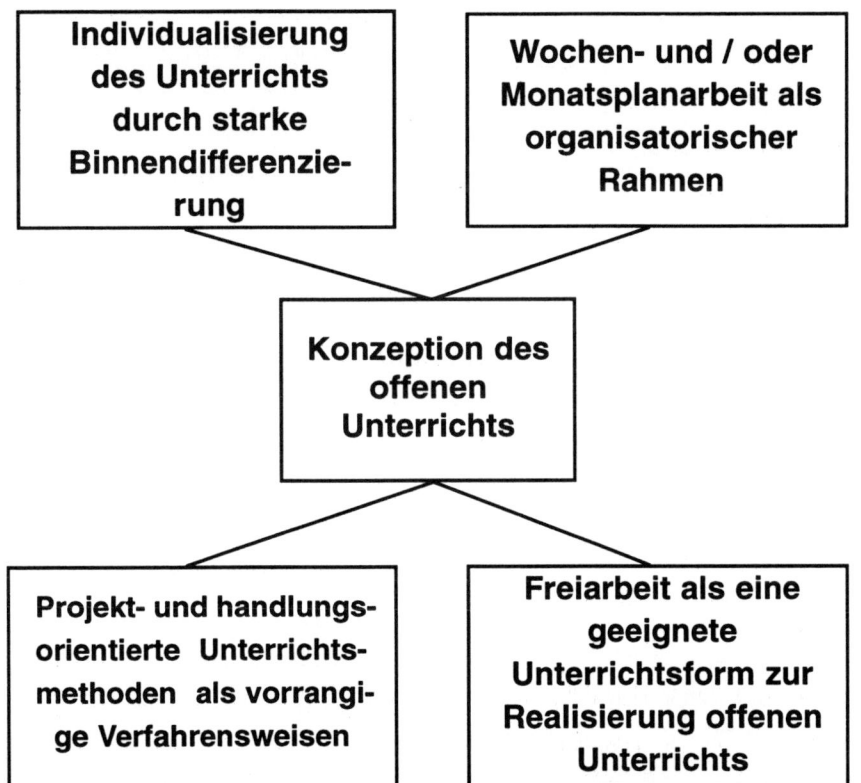

2.2 Freiarbeit

Innerhalb offener Unterrichtsformen stellt die Freiarbeit (oder auch „freie Arbeit" genannt) eine besondere Form der Unterrichtsgestaltung dar, die optimale Bedingungen für die Realisierung eines offenen Unterrichtskonzeptes bietet.

In der Grundschule stellt die Freiarbeit seit vielen Jahren eine weit verbreitete Unterrichtsform dar, sind die praktizierenden Lehrerinnen überzeugt von ihrer Effektivität. Mit dem Übergang des Kindes in eine weiterführende Schule wird es nur noch selten mit dieser Unterrichtsform konfrontiert. In der Freiarbeit der Grundschule erlernte Fähigkeiten und Fertigkeiten bleiben brach liegen und gehen mit der Zeit verloren. Die floskelhafte aber dringend einzulösende Forderung für alle weiterführenden Schulen, die Kinder dort abzuholen, wo sie stehen, wird durch die pädagogische Praxis in den meisten Fällen ad absurdum geführt. Dies ist nicht nur fahrlässig und unpädagogisch gegenüber den Kindern, sondern auch in höchstem Maße kontraproduktiv, gehen bereits erworbene Qualifikationen der Grundschulkinder wieder verloren. Und gerade über Teamfähigkeit oder Selbstständigkeit, um nur zwei sogenannte Schlüsselqualifikationen zu nennen, sollte ein Jugendlicher nach Beendigung seiner Schulzeit verfügen. Bei Unterrichtsformen wie der Freiarbeit werden solche Qualifikationen scheinbar nebenher erworben, obwohl sie sehr gezielt im Mittelpunkt der unterrichtlichen Bemühungen stehen. Vor allem am Ende der Schulzeit müssen die Schlüsselqualifikationen zum festen Bestandteil des „Ausbildungsstandes" eines Schulabgängers geworden sein. So erwarten Ausbilder großer Firmen oder Professoren an den Universitäten Team- und Kooperationsfähigkeit, die Beherrschung von Problemlösungsverfahren, das kreative, fantasievolle und flexible Umgehen mit den unterschiedlichen Aufgabenstellungen und Herausforderungen in der heutigen Zeit. Schlüsselqualifikationen müssen stärker in den Mittelpunkt des unterrichtlichen Geschehens gerückt werden. Und zwar nicht nur in der Grundschule, sondern auch in den weiterführenden Schulen. Neben der Vermittlung von Detailkenntnissen, abfragbarem Wissen oder der Reproduktion von Vorgegebenem müssen die Schüler vor allem die selbstständige Informationsbeschaffung und -verarbeitung beherrschen. Angesichts der Tatsache, dass sich das gesamte menschliche Wissen in weniger als drei Jahren verdoppelt, muss der Vermittlung dieser Schlüsselqualifikationen zunehmend mehr Beachtung geschenkt werden. Und hier bietet die Unterrichtsform der Freiarbeit gute Voraussetzungen.

In diesem Zusammenhang ist es notwendig auf einen weiteren Aspekt hinzuweisen, der hinlänglich bekannt ist, aber dennoch nicht entsprechend wahrgenommen wird. In der Schule erfolgt Unterrichtung nach wie vor in erster Linie „über den Kopf". Das heißt, kognitive Fähigkeiten sind gefragt, intellektuelles Vermögen der Kinder und Jugendlichen sind das Maß für schulische Leistung bzw. Leistungsbewertung und damit für Schulerfolg. Immer noch wird hauptsächlich der Begriff von Intelligenz, der sich in einem sogenannten Intelligenzquotienten manifestiert, für das schulische Lernen zugrunde gelegt. Dass es andere Intelligenzen gibt, dass neben den kognitiven Fähigkeiten auch andere Qualifi-

kationen die Leistungsfähigkeit eines Menschen aus-
machen können, bleibt weitgehend unberücksichtigt. So
werden Erkenntnisse der Lernbiologie und Lernpsychologie oder die Erforschung der emotionalen Intelligenz
nicht in die pädagogischen Überlegungen einbezogen.
Lerntypentests, die es ermöglichen würden, den individuellen Lerntyp eines Schülers zu ermitteln, sind kaum
bekannt. Dabei kann es von großer Bedeutung und für
den Lernerfolg eines Kindes von enormer Wichtigkeit
sein, welchem Lerntyp (z. B. opitsch, auditiv, haptisch)
es angehört. Auch weitgehend unberücksichtigt bleibt
die Erkenntnis, dass erst das Zusammenspiel unserer
Sinne unser Lernen optimieren, die Behaltensquote des
Gelernten erheblich steigern kann. Während wir nur 10
% dessen, was wir durch Lesen aufnehmen, auch
behalten, steigert sich die Behaltensquote auf 50 %,
wenn wir hören und sehen und sogar auf 90 %, wenn
wir es selbst ausprobieren und ausführen, also han-
delnd lernen. Dass diese Erkenntis im Grunde nicht neu
ist, beweist ein Ausspruch Konfuzius', der sagte:

**„Erzähle mir – und ich vergesse
Zeige mir – und ich erinnere
Lass es mich tun – und ich verstehe".**

Kommen wir zurück zur Konzeption der Freiarbeit.
Sie stellt die konsequente Umsetzung der Forderungen
eines offenen Unterrichts dar. Hierzu gehört vor allem
die gezielte Förderung selbstständiger und handlungs-
betonter Arbeits- und Lernverfahren.
Die Ursprünge der Freiarbeit lassen sich von **Rousseau**
ableiten, der davon ausging, dass das Kind von sich aus

gut sei und eine eigene Würde habe. Das Kind, so Rousseau, ist Mensch und daher fähig, aus sich heraus im Umgang und in der Auseinandersetzung „mit den Dingen" (Natur, Umwelt) seine Persönlichkeit zu entfalten. Er betonte, dass das Kind seine eigenen Erfahrungen machen müsse und dass es eine Umgebung benötige, die diese Erfahrungen ermöglichen und zulassen würde.

Als **Ellen Key** im Jahre 1900 das 20. Jahrhundert zum Jahrhundert des Kindes ausrief, wurden in der pädagogischen Diskussion die Rousseau'schen Gedanken und Ideen wieder laut, als bewusste Abkehr vom bildungsbürgerlichen Erziehungs- und Schulwesen.

Ellen Key's Buch, dessen Titel „Das Jahrhundert des Kindes" zum Leitwort wurde, stellte den Auftakt der pädagogischen Reformbewegung dar. Es kommt ihm das Verdienst zu, den Blick für das Kind und für die pädagogischen Aufgaben neu geöffnet zu haben. Das Kind trat in den Mittelpunkt des erzieherischen Denkens und Handelns. Während bis dahin die Erwachsenen, die Sachwelt, die objektiven Werte die Bildungsgehalte und Erziehungsziele bestimmt hatten, so sollten nun die Kinder, die Heranwachsenden bestimmend werden. Mit der neuen pädagogischen Grundausrichtung sollten die bisher üblichen Erziehungsformen in der Familie und vor allem in der traditionellen Schule überwunden werden.

Unter den Vertretern der reformpädagogischen Bewegung zu Beginn des 20. Jahrhunderts spielte hinsichtlich der Freiarbeits-Konzeption vor allem **Maria Montessori** (1870 – 1952) eine herausragende Rolle.

Die italienische Ärztin Maria Montessori klagte die Versäumnisse der Vergangenheit an, durch die den Kindern in ihrer Entwicklung und in ihrem Lernen geschadet worden ist. Neben der mangelnden medizinischen Versorgung für die Kinder beanstandete sie auch die ungenügenden Schulen. Sie warf dem Staat vor, an den Kindern zu sparen. Gleichzeitig rief sie die Eltern auf, sich zusammenzuschließen und um eine bessere Betreuung ihrer Kinder zu kämpfen. In der Folgezeit gründete Montessori Kindergärten und Kinderhäuser. Hier wurde das von ihr entworfene didaktische Material benutzt. Schon bald wurde ihr pädagogisches Verständnis einschließlich der von ihr entwickelten Lernmaterialien als eigenständiges pädagogisches Konzept anerkannt. Nach Montessoris pädagogischem Verständnis war das Eingehen auf die Wachstumsgesetze des Kindes, die bewusste Entwicklung seiner Selbsttätigkeit und Selbsterziehung entscheidend. Sie plädierte für eine entsprechend „vorbereitete Umgebung" (Klassenraum, Schule ...), in der das Kind mit „vorbereiteten Materialien" selbstständig arbeiten könnte.

Das pädagogische Konzept von Maria Montessori steht am Anfang der Freiarbeit.

Was aber ist nun Freiarbeit konkret?

Fraiarbeit bedeutet keineswegs, dass die Kinder tun und lassen dürfen, was sie wollen. Allerdings bedeutet „frei", dass die Kinder frei entscheiden dürfen, was, wie, womit, wie lange und mit wem sie lernen bzw. arbeiten wollen. Unter den vorgegebenen oder von den Kindern selbst entwickelten Aufgabenstellungen wählen sie aus, bearbeiten die Aufgaben nach eigenen Vorstellungen oder nach der verbindlichen Vorgabe der Lehrerin. Die Bearbeitungszeit ist entweder völlig freigegeben oder im Rahmen eines Wochen- oder Monatsplans verbindlich festgelegt. Freiarbeit ist in allen Fächern möglich. Die Kinder wählen in den „Freiarbeitsstunden" aus dem Gesamtangebot oder aus einzelnen Fächern. Kennzeichen der Freiarbeit ist, dass sie weitgehend frei von Fremdbeurteilung und ständiger Kontrolle durch die Lehrerin erfolgt. Daher sollen die Freiarbeitsmaterialien die Selbstkontrolle durch die Kinder ermöglichen.

Nicht von ungefähr steckt in dem Begriff Freiarbeit auch das Wort Arbeit. Es bringt deutlich zum Ausdruck, dass es sich bei dem, was in der Freiarbeit geschieht, um ernsthaftes Arbeiten handelt. So sind auch die spielerischen Elemente der Freiarbeit ernst zu nehmende Lern- und Arbeitsformen. Spielerische Wissens- und Erkenntnisaneignung, der spielerische Erwerb von Fähigkeiten und Fertigkeiten darf keineswegs als nicht schulgemäßes Lernen diskreditiert werden. Zumal sich hierbei auch ein Stück wirklicher Persönlichkeitserfahrung und das Erlernen sozialen Verhaltens vollzieht.

„Freie Arbeit ersetzt nicht das freie Spiel, wo Kinder sich ernsthaft und kreativ mit der Welt auseinandersetzen, sie ersetzt also auch nicht die Spielstunde, obwohl sie viele spielerische Elemente beinhaltet. Diese Unterrichtsform ersetzt nicht den Lehrgang, das Lernen an und in der konkreten Lebenswelt der Kinder. Sie ersetzt nicht das Unterrichtsgespräch, die Expertenbefragung, das Rollen- oder Theaterspiel, das Lernen in Projekten, auch nicht notwendig gezielte, systematische Erarbeitung von Lerninhalten. In der Freien Arbeit werden günstige Rahmenbedingungen für Differenzierung und Individualisierung geschaffen, gerade für den Blick auf das einzelne Kind, für seine Unterstützung und seine freie Entfaltung. Freie Arbeit ersetzt nicht den Lehrer, sie verändert lediglich seine Aufgabe, oder besser: sie gibt ihm mehr Raum für seine eigentliche Aufgabe, als Erzieher dem Kind bei seiner Persönlichkeitsentwicklung und Bildung helfend und beratend zur Seite zu stehen und ihm möglichst viele, breitgefächerte und ihm angemessene Lernmöglichkeiten zu eröffnen.

Freie Arbeit muß daher aber auch eingebettet sein in einen Unterricht und eine Schule, die ihren Erfolg an der Lernfreude, der Phantasie, Selbständigkeit und am sozialen Engagement der Kinder, nicht nur an deren Notendurchschnitt, d. h. am meßbaren Vergleich einiger Einzelleistungen in ihren Zeugnissen mißt.

Freie Arbeit kann ein breites Lern- und Bildungsangebot bieten, innerhalb der Bildungspläne, aber über die Lehrpläne hinaus." (Friedrich Gervé: Freiarbeit; Lichtenau, 1994, S. 21/22)

Freiarbeit setzt ein anderes Verständnis von Unterricht voraus, als dies oftmals üblich ist. Sie stellt konsequent das Kind in den Mittelpunkt der pädagogischen Bemühungen.

„Freie Arbeit ist ein didaktisches Instrument, eine Form der Unterrichtsorganisation, die dem einzelnen Kind ermöglichen soll, sich individuell mit Hilfe geeigneter Lernmaterialien bilden zu können. Die Kinder sollen frei gelassen werden in ihrem Lerneifer, sie sollen sich selbst entsprechend ihren Fähigkeiten mit Freude fordern und fördern. Sie sollen lernen, sich einzuschätzen, selbständig und selbstbestimmt zu arbeiten und zu erarbeiten. Sie sollen soviel lernen dürfen, wie sie lernen wollen, sie sollen dabei lernen, miteinander zu arbeiten, miteinander zu reden, zu spielen, Probleme zu lösen, sich gegenseitig zu helfen, aufeinander Rücksicht zu nehmen und sorgfältig mit Lernmaterialien umzugehen. Dabei soll das Kind größtmögliche Hilfe und Zuwendung durch die Lehrerin erfahren. Es zählt nicht, wer besser ist, sondern, daß jeder entsprechend seinen Möglichkeiten arbeitet und dazulernt. Die Kinder sollen sich die Welt und sich selbst ein Stück weiter erschließen können, und dies nicht nur auf einem eng begrenzten Stoff- und Wissengebiet, sondern möglichst breit gefächert." (Gervé, ebd., S. 22/23)

Maria Montessori, die Wegbereiterin der Freiarbeit, sprach von der Bedeutung der „vorbereiteten" Lernumgebung und des pädagogischen Materials. Alles, was zum Klassenraum gehört, gehört auch zur vorbereiteten Lernumgebung. Weitere Räume, Flure etc. können in die Lernumgebung einbezogen werden. Hierzu gehören ebenfalls die Schulmöbel und die Ausstattung mit Tafel oder auch mit Besen und Gießkanne. Da Maria Montessori viel Wert auf Übungen des praktischen Lebens legte, durften Gegenstände des Alltags nicht fehlen. Die Pflege von Tieren und Pflanzen gehört zur selbstverständlichen Arbeit in einer Montessori-Klasse.

„Es handelte sich ja in einer 'vorbereiteten Umgebung' nicht nur um intellektuelles Lernen, sondern um eine Gesamterziehung, sowie sie in einer Schule möglich ist. Das Benehmen der Kinder ist wichtig. Sie mußten lernen, sich bei der freien Arbeitswahl leise zu bewegen, ohne Geräusch von ihrem Platz aufzustehen und ihn wieder einzunehmen, Rücksicht zu nehmen auf andere. Solches Benehmen konnte nicht mit Worten angelernt werden. Die echte Situation mußte dazu führen, und das Wort und die zwanglose, aber genaue Anleitung des Erziehers hallten nach." (Helene Helmig: Eine Montessori-Schule. Aus: Walter Schultze/Helmut Belser: Aufgelockerte Volksschule II Schulreformen und Schulsysteme; Worms, 1960, S. 113-125. In: Brinkmann/Freidrich/Heiland/Klaßen/Lingelbach (Hrsg.): Theorie der Schule – Schulmodelle; Kronberg, 1974, S. 56/57).

Diese heute durchaus antiquiert wirkende Darstellung aus dem Jahre 1960 hat jedoch an Richtigkeit für uns nichts verloren. Und lassen wir **Helene Helmig** weiterberichten: „... Es ist bekannt, daß das Prinzip der freien Arbeitswahl der Kinder in einer pädagogisch vorbereiteten Umgebung für die Praxis Montessoris charakteristisch ist. Das Kind soll seiner Entwicklung entsprechend den Gegenstand der Arbeit wählen, ebenso die Zeit seiner Arbeit, ihren Beginn und ihr Ende. Auch seine

Pausen bestimmt das Kind selbst. Es kann nicht kontinuierlich aufmerksam sein, es arbeitet nicht immer gleichmäßig intensiv. Es darf natürlich die anderen nicht stören. Die Voraussetzung für die Einführung der Arbeitswahl ist das Vorhandensein einer ausreichenden Menge von gutem Arbeitsmaterial. ... Freie Arbeitswahl kann man nur einführen, wenn etwas zu wählen da ist, das dem Interesse der Kinder entspricht." (Helmig, ebd., S. 55)

Freiarbeit als Möglichkeit einer Erziehung zu demokratischem Lernen und Handeln

Im Mittelpunkt der Freiarbeit steht das Selbst-Tun. Als Prozesse des Arbeitens und Lernens werden
• **Selbsttätigkeit**
• **Selbstständigkeit**
• **Selbststeuerung**
• **Selbstverantwortlichkeit**
gefördert und praktiziert.
Die Kinder sind – wie dies deutlich ausgeführt worden ist – kontinuierlich hierauf vorzubereiten. Die konkrete Handlung und nicht eine abstrakte Vorbereitung muss dabei im Mittelpunkt stehen. Leitlinie sollte hierbei Montessoris Forderung: „Hilf mir, es selbst zu tun!" sein. Dabei erstreckt sich die Freiarbeit nicht nur auf die Art des Lernens, sie ist auch nicht zu beschränken auf eine unterrichtstechnologische Maßnahme, sondern sie erstreckt sich auch auf die Auswahl der Lerninhalte und ist daher ebenso als didaktisches Prinzip zu bezeichnen. So wird Montessoris Forderung im Rahmen eines

fächerübergreifenden Lern- bzw. Materialangebotes realisiert. Hierdurch erhöht sich der Anspruch der Freiarbeit, die Kinder in ihren Lernbedürfnissen und Lernfähigkeiten ernst zu nehmen.

Gleichzeitig stellt diese Form des Unterrichts einen wesentlichen Beitrag demokratischen Lernens und Handelns dar. Kinder lernen schon sehr früh, selbstständig aus mehreren Alternativen auszuwählen und selbstverantwortete Entscheidungen zu treffen. Sie bestimmen – zumindest hinsichtlich der Fraiarbeitsphase – weitgehend Unterrichtsinhalt, das Material, die Arbeitsweise und die Sozialform ihrer Arbeit. Hinzu kommt, dass sie durch die Organisation der Freiarbeit zu einem sozialverträglichen Umgang mit anderen angehalten werden.

Freiarbeit bedeutet,

die Schülerinnen und Schüler sind frei,
• die Gegenstände ihres Lernens,
• mögliche Partner für das Lernen,
• die Ziele,
• die Zeit des Lernens und
• mögliche Produkte ihrer Arbeit
selbst zu bestimmen.

Freiarbeit erfordert ein anderes Rollenverständnis der Lehrerin

Für den Lehrer bedeutet Freiarbeit ein Überdenken der eigenen Rolle, erfordert sie doch ein anderes Rollenverständnis. Bisher dominierende Kriterien wie die Steuerungsfähigkeit von Unterricht und das Erreichen festgelegter Unterrichtsziele treten zurück zugunsten anderer Qualifikationen:
• Die Fähigkeit, auf eine direkte Steuerung des Unterrichtsgeschehens zu verzichten, Loslassen-Können zugunsten einer Beobachterrolle der Arbeitsprozesse.
• Die Fähigkeit, warten zu können und nicht sofort Unterrichtsergebnisse einzufordern zugunsten der Beratung und Begleitung der schülerbestimmten Arbeitsprozesse.
• Die Fähigkeit auf Belehrungen und Maßregelungen sowie direkte Eingriffe in das Unterrichtsgeschehen zu verzichten zugunsten der Anleitung der Schülerinnen, Fehler zu erkennen und zu korrigieren bzw. aus Fehlern zu lernen.

Freiarbeit erfordert geeignete Materialien

Von überragender Bedeutung für eine erfolgreiche Freiarbeit sind die Materialien, mit denen die Schülerinnen und Schüler arbeiten. Hierbei muss deutlich gesagt werden, dass die Erstellung von Freiarbeitsmaterialien eine große zeitliche Beanspruchung für die Lehrerin darstellt. Zweifellos hat die eigene Materialerstellung den Vorteil individuell konzipiertes, auf die jeweilige

Lerngruppe bzw. einzelnen Schülern hin orientiertes Material zur Verfügung zu stellen. Wegen der zeitlichen Beanspruchung für die Lehrerin und den teilweise nicht geringen Kosten für das „Rohmaterial" und der „Vervielfältigung" bietet es sich an, das Material innerhalb des Kollegiums auszutauschen. Auch die Mitarbeit von Eltern ist wünschenswert und gerade in der Grundschule eine oft genutzte Möglichkeit. Natürlich bieten auch etliche Verlage entsprechendes Material an.

Wichtig ist, dass die Materialien anschaulich und strapazierfähig sind, zum Bearbeiten einladen, ordentlich aufbewahrt werden und in ausreichender Anzahl zur Verfügung stehen. Dabei müssen sie die Möglichkeit zur Übung bieten, ohne den Charakter einer ständigen Lernerfolgskontrolle für die Lehrerin aufzuweisen. Dagegen sollen die Schülerinnen direkt die Richtigkeit ihrer Lösungen und Arbeitsergebnisse überprüfen können. Mit den Kindern sollte ein bestimmtes Ordnungsverfahren für die Aufbewahrung und Bearbeitung der Materialien vereinbart werden. Dies lässt sich leicht in einer gemeinsamen Absprache (am besten schriftlich festhalten) über Regeln der Freiarbeit festlegen. Als Standardregel sollte auf jeden Fall verbindlich verabredet werden, dass eine einmal begonnene Arbeit unter allen Umständen zu Ende geführt werden muss, bevor mit einer neuen Arbeit begonnen werden darf.

Mögliche Inhalte von Freiarbeit

Freie Nutzung von Lern- und Spielangeboten

Intensive Übungs- möglichkeiten

Individuelle Weiterführung von Unterrichtsthemen

Selbstständige Arbeit an einem selbstgewählten Thema

Die Organisation von Freiarbeit lässt sich auf die unter-schiedlichste Art und Weise regeln. Große Hilfen stellen Arbeitspläne wie Wochen- und Monatspläne dar. (Siehe S. 46) Sie dienen der Eigenorganisation der Schüler sowie der Überprüfung des Lernfortschritts durch den Lehrer. So lernen die Schülerinnen, ihren Lernfortschritt selbstkritisch wahrzunehmen und ihn mitzubestimmen. Sie lernen ihre Zeit richtig einzuteilen und ihre Materialien selbstständig zu organisieren. Ebenfalls können die Pläne als Grundlage für Beratungsge-spräche mit den Eltern bzw. den Kollegen dienen. Da-rüber hinaus können diese Arbeitspläne als Orientie-rungshilfen dienen, um die Schüler stärker in die Ent-scheidungsprozesse über die Aufgabenangebote der Freiarbeit einzubeziehen und somit aktiv einen Beitrag zur größeren Selbstständigkeit der Schülerinnen zu ge-statten.

Im Allgemeinen werden geschlossene und offene Pläne unterschieden. Während die geschlossenen Pläne sämtliche Aufgaben festlegen (es erfolgt wohl eine Unterscheidung nach Pflicht- und Wahlaufgaben bzw. nach Aufgaben für alle und Aufgaben für bestimmte Schülerinnen), geben die offenen Pläne die Fächer oder die Rahmenthemen und die Zeiträume an, in denen eine selbst gewählte Aufgabe erledigt sein soll. Die notwendigen Informationen werden entweder von der Lehrerin zur Verfügung gestellt oder die Schülerinnen besorgen sie sich selbstständig.

Eine Möglichkeit, ein Thema anschaulich für alle Schülerinnen transparent zu machen, stellt die sogenannte „Thematische Landkarte" (S. 47) dar. Sie wird im Klassenraum für alle sichtbar „veröffentlicht", so dass jederzeit jeder sehen kann, welche Themenaspekte bereits bearbeitet worden sind und welche noch folgen werden.

Kurze Skizzierung der Kennzeichen und Ziele der Freiarbeit
(nach Gervé, ebd., S. 23 / 24)

Lernen, was und wann das einzelne Kind lernen will

Ziele:
Selbstständigkeit
Lernfreude
Motivation
Effektivität
Mündigkeit

Lernen, was und solange das einzelne Kind lernen kann

Ziele:
Differenzierung
Individualisierung
Selbsteinschätzung
Selbstverbesserung
Selbstwertgefühl
Zielstrebigkeit

Lernen, sich selbst zu kontrollieren

Ziele:
Angstfreiheit
Eigenverantwortung
Selbstdisziplin
Selbstvertrauen

Lernen mit anderen

Ziele:
Soziales Lernen:
Kommunikation, Kooperation, mit anderen sprechen, Anregungen geben und bekommen, helfen, Rücksicht nehmen, sich durchsetzen, sich an Regeln halten, Regeln aufstellen, nachgeben, tolerant sein, mit anderen etwas leisten
...

NAME:

Wochenplan

für die Zeit vom 22. bis 26. 11. 1997
der Klasse 6 b

In dieser Woche haben wir sechs Wochenplan-
stunden.
Im Mittelpunkt steht das Thema: „Kinder in ihrer
Zeit" (Lernzirkel)

Pflichtaufgaben:
1.Besuche zwei Lernstationen des Lernzirkels
„Kinder in ihrer Zeit" und bearbeite die Aufgaben!
2. Fertige mindestens acht Lernkarten von dem
wichtigsten Inhalt dieser beiden Lernstationen!
3. Bearbeite mindestens zehn Lernkarten der
Rechtschreibkartei!
4. Bearbeite mindestens ein Arbeitssblatt zu
unserer Übungsreihe zur neuen Rechtschreibung

Wahlaufgabe:
Du kannst zu „deinen" zwei Lernstationen an
der Zeitleiste weiterarbeiten!

Thematische Landkarte

zum Thema: **Gesellschaft im Mittelalter**

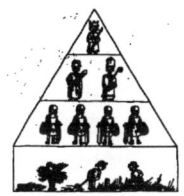

Die Gesellschaft
im Mittelalter:
–Gesellschaftsaufbau–

Ritter und Burgen

Feudalbauern

Mönche und Klöster

Mittelalterliche Stadt

2.3 *Lernzirkel* als besondere Form der Freiarbeit

Die noch recht wenig bekannte *Lernzirkel*-Konzeption stellt eine besondere Form der Freiarbeit dar. Ich bezeichne sie als eine **gelenkte** Form der Freiarbeit. Dennoch und vielleicht gerade wegen der genannten Einschränkung stellt der *Lernzirkel* in meinem Verständnis einen Kumulationspunkt innerhalb der Realisierung „neuen" Unterrichts dar. Bei der *Lernzirkel*arbeit eröffnen sich unterrichtliche Möglichkeiten eines **selbstbestimmten Lernens** von Kindern und Jugendlichen innerhalb eines **differenzierenden und individualisierenden sowie projekt- und handlungsorientierten Unterrichtsverfahrens**. Mit berücksichtigt werden ferner **spielpädagogische Elemente** und ein **Lernen mit allen Sinnen**. Besondere Aufmerksamkeit kann und soll in der *Lernzirkel*arbeit der Vermittlung von **Schlüsselqualifikationen** geschenkt werden. Dabei werden vielfältige Möglichkeiten geboten, das **Lernen zu lernen**.
Neben dem Kognitiven sollen vor allem auch affirmative und emotionale Wahrnehmungsebenen aktiviert werden. So will der *Lernzirkel*, der auf einem **ganzheitlichen Ansatz** beruht, gleichwertig zur Erreichung **kognitiver, affirmativer, emotionaler, sozialer Lernziele** beitragen.
Die *Lernzirkel* - Konzeption will ebenfalls Schluss machen mit der für den herkömmlichen Unterricht immer noch geltenden Aussage, dass in der Schule vielfach **mit Methoden von gestern Inhalte von vorgestern Schülern von heute für die Bewältigung der Probleme von morgen** vermittelt werden. Sie will Schluss machen mit der gleichsam naiven wie unsinni-

gen Vorstellung, dass alle Schüler einer Lerngruppe zur gleichen Zeit mit den gleichen Methoden, den gleichen Unterrichtsmaterialien, im gleichen Lerntempo das Gleiche lernen könnten und würden. Täglich überzeugt uns die schulische Wirklichkeit vom Gegenteil. Dass sie längst nicht alle zu überzeugen scheint, aus welchen Gründen auch immer, bleibt hier 'mal dahingestellt. Dennoch sind Schule und Unterricht nach dem gleichmachenden, die Individualität des einzelnen Schülers weitestgehend negierenden Prinzip der Gleichzeitigkeit und Gleichförmigkeit ausgerichtet.

Nun kann natürlich eine einzelne Unterrichtskonzeption, in diesem Fall der *Lernzirkel*, nicht alle diese grundlegenden Mängel unserer schulischen Alltagswirklichkeit beheben. Aber im Zusammenspiel mit anderen notwendigen Veränderungen, anderen neuen Formen des Lehrens und Lernens kann sie einen wesentlichen Beitrag zur Veränderung und Verbesserung von Unterricht, hin zu einer kindgemäßeren Schule, leisten.

Nun zur *Lernzirkel*-Konzeption im Einzelnen. An dieser Stelle möchte ich die wesentlichen Komponenten der *Lernzirkel*-Konzeption schlagwortartig vorstellen, auch wenn sie in meinen bisherigen Ausführungen bereits ansatzweise angesprochen worden sind.

Merkmale der *Lernzirkel* - Konzeption

• *Lernzirkel* orientieren sich thematisch an den Lehrplänen, führen aber so häufig und intensiv wie möglich darüber hinaus. Sie orientieren sich an der Lebensumwelt, den Lebenserfahrungen und dem Vorwissen der Schüler, ermuntern zu Aktivitäten auch außerhalb des Klassenzimmers ("Lernen vor Ort").
*Lernzirkel*arbeit stellt inhaltlich und methodisch keine exotische Sondermaßnahme dar. Da *Lernzirkel* eine unterrichtsmethodische Variante darstellen, sind nahezu alle Inhalte im Rahmen des Lehrplans zu realisieren. Bei der Konzeption eines *Lernzirkels* ist es jedoch wichtig, die besonderen Gegebenheiten der Schüler, ihr Umfeld, ihre Lebens-, aber auch ihre Lernerfahrungen in die Planung und spätere Durchführung mit einzubeziehen. Das Charakteristische der *Lernzirkel*-Konzeption besteht darin, Schüler (und Lehrer) als Individuen anzusehen, die mit unterschiedlichen Begabungen und Fähigkeiten zur Lebensbewältigung , aber auch mit unterschiedlichen Interessen ausgestattet sind. Ebenfalls können innerhalb der *Lernzirkel*arbeit außerunterrichtliche Aktivitäten, wie zum Beispiel eine Umfrage, mit einbezogen werden. Bei solchen "Aufgaben" bietet es sich an, sie als "Wahlaufgabe" zur freien Entscheidung den Schülerinnen zu überlassen.
In einer hochtechnisierten und pluralistischen Gesellschaft wie der unsrigen ist es enorm wichtig den Kindern und Jugendlichen Methoden an die Hand zu geben, mit deren Hilfe sie selbstständig neues Wissen erwerben und adäquat anwenden lernen.

In unserer komplizierten Welt ist nur noch derjenige „überlebensfähig", der seine Kenntnisse so umstrukturieren und anwenden kann, dass sie ihm Zugänge zu neuen Aufgaben und Anforderungen bieten. Da die Schule aufgrund der Wissensexplosion immer weniger in der Lage ist auf möglichst alle vorhersehbaren Lebenssituationen vorzubereiten, muss sie ihren Schülerinnen vor allem die Fähigkeit vermitteln, sich neue Lebenssituationen und deren Bewältigungsmöglichkeiten selbst zu erschließen.

• *Lernzirkel* stellen eine Unterrichtskonzeption im Rahmen des offenen Unterrichts dar.
Wenn wir die Realisierung offenen Unterrichts ernst nehmen, müssen wir entsprechende didaktische und methodische Voraussetzungen schaffen.
Konzeptionelle Merkmale des offenen Unterrichts wie individuelles, selbstständiges, kooperatives, handlungs- und problemorientiertes Lernen lässt sich nur durch einen entsprechenden „offenen" Unterricht verwirklichen (Siehe hierzu meine Ausführungen in Kapitel 2.1). Und eine solche Möglichkeit bietet die *Lernzirkel*arbeit in geeigneter Art und Weise.

• *Lernzirkel* stellen in erster Linie einen alternativen unterrichtsmethodischen Ansatz dar. Didaktische Überlegungen stehen im Hintergrund.
Zweifellos versteht sich die *Lernzirkel*-Konzeption als unterrichtsmethodischer Ansatz. Die Frage nach dem Wie hat eindeutig Vorrang vor dem Was. Das bedeutet aber keineswegs, dass den inhaltlichen Fragen keine Bedeutung beigemessen würde. Es ergibt sich aus dem

Selbstverständnis der *Lernzirkel*-Konzeption als einer Form offenen Unterrichts, dass Unterrichtsinhalte, die die Mündigkeit, die Selbstbestimmung und Selbstverantwortung der Schülerinnen und Schüler zum Ziel haben, im Vordergrund stehen. Ihnen wird das gesamte Unterrichtsgeschehen untergeordnet. Die *Lernzirkel*-Konzeption nimmt die Forderung nach demokratischem Lernen ernst. Und dies nicht nur von den Inhalten und Zielen, sondern auch von ihrer pädagogischen Umsetzung her. Demokratieverständnis, soziale Verantwortung, Anerkennung von Minderheiten, Akzeptanz der freiheitlich-demokratischen Grundordnung kann nur in einem auf Mitbestimmung angelegten Unterricht und in einer Lernatmosphäre glaubhaft vermittelt werden, die sich diesen Ansprüchen verpflichtet fühlt. Schüler müssen über den Ablauf des Unterrichts mitbestimmen können, müssen mit in die Planung und Reflektion des Unterrichtsablaufs einbezogen werden. Sie müssen Freiheiten hinsichtlich der Bewältigung der Unterrichtsinhalte erhalten.

• *Lernzirkel* stellen eine methodisch veränderte Form der Freiarbeit dar. Als eine Art **gelenkter Freiarbeit** enthalten sie zahlreiche Elemente anderer Unterrichtsverfahren.

Grundlage der *Lernzirkel*-Konzeption stellt die Freiarbeit dar (siehe hierzu meine Ausführungen unter 2.2). Allerdings ist sie beim *Lernzirkel* insofern „gelenkt", als der Schüler zum Beispiel nicht die Möglichkeit hat, aus einem größeren Angebot an Materialien aus verschiedenen Fächern oder innerhalb eines Faches aus Materialien zu verschiedenen Themen zu wählen. Beim *Lernzir-*

kel kann er nur innerhalb des *Lernzirkel*themas seinen Schwerpunkt für die jeweilige Unterrichtsstunde (oder auch mehrere Unterrichtsstunden) wählen. Lehrergeleitetes Lernen im Gleichtakt wird dadurch aufgehoben. Dem gesellschaftlich gewollten Anspruch auf Selbstbestimmung, Individualisierung, Eigenverantwortung wird durch die *Lernzirkel*arbeit Rechnung getragen. Anders als beim herkömmlichen Unterricht, bei dem der Lehrer den Ablauf des Unterrichts weitgehend alleine bestimmt und die Schüler lediglich seinen Vorgaben folgen, können beim *Lernzirkel* die Schüler ihre individuellen Fähigkeiten stärker hervorheben. Die Vielfalt an Arbeitsangeboten ermöglicht der einzelnen Schülerin, den Unterrichtsgegenstand von allen Seiten zu erfassen, individuelle Schwerpunkte zu setzen sowie die Organisation der Arbeit größtenteils selbst zu bestimmen. Im Übrigen werden die weiteren Merkmale der Freiarbeit (z. B. Freiheit der Sozialform, der Lerndauer) auch beim *Lernzirkel* erfüllt.

• *Lernzirkel* fördern durch ihre methodische Vielfalt ein Lernen mit allen Sinnen.
Kinder und Jugendliche (wie Erwachsene auch) haben unterschiedliche „Zugänge", lernen mit unterschiedlichen Sinnen verschieden intensiv und erfolgreich. Nur wird dies im pädagogischen Alltag nur allzu selten berücksichtigt. Meistens werden immer wiederkehrende Lernzugänge gewählt. So stehen nach wie vor der Lehrervortrag (die Informationsaufnahme sowie das Lernen erfolgen über das Ohr) oder die Vermittlung mit Hilfe eines Textes (Informationsaufnahme über die Augen bzw. auch das Ohr) bei der schulischen Arbeit im

Vordergrund. Handlungsbezogenes Lernen, das eindeutig die effektivste Form des Lernens darstellt, nimmt nur einen geringen Teil am gesamten Unterrichtsgeschehen ein. Ich erinnere an dieser Stelle an die Erkenntnisse der Lernpsychologie. So habe ich bereits darauf hingewiesen, dass das handelnde Lernen das mit Abstand erfolgreichste ist.

• *Lernzirkel* fördern Methodenkompetenz bzw. das „Lernen lernen".

Wie bereits mehrfach betont wurde, leben wir in einer komplizierter werdenden Welt, in der das menschliche Wissen sich in nur wenigen Jahren verdoppelt. Die gesellschaftlichen und ökonomischen Ansprüche erfordern immer mehr die Fähigkeit, sich Informationen beschaffen zu können, problemlösende Verfahren und die Anwendung von Wissen zu beherrschen. Die Speicherung bloßen Wissens ist aufgrund der Informationsflut und der ständig neuen Erkenntisse in den Hintergrund gerückt. Daher sind den methodischen Fähigkeiten, den Methoden zu Wissenserwerb und -verarbeitung, dem Methodentraining, dem „Lernen lernen", besondere Aufmerksamkeit zu schenken.

„Die Methodenkompetenz unserer Schüler ist über weite Strecken unbefriedigend (...). Gravierende Lern-, Leistungs- und Motivationsprobleme sind die Folge. Von daher ist es naheliegend, die Diskussion über den Stellenwert und die Wirksamkeit materialer und formaler Bildung neu aufzunehmen ..." (Heinz Klippert, Methodentraining, Weinheim, 1998, 8. Auflage, S. 15)

Die vorhandenen Mängel empfinden die Schüler selbst: „Wie einschlägige empirische Untersuchungen zeigen,

führen mehr als fünfzig Prozent der Schüler ihre Lern-
schwierigkeiten maßgeblich darauf zurück, daß ihnen
die nötigen Methoden und Techniken zur Planung und
Steuerung ihres eigenen Lernens fehlten (vgl. Hilligen,
1985, S. 209). Gelernt wird irgendwie, aber meist ohne
klares Konzept. Das führt vor allem bei lernschwäche-
ren Schülern zu ausgeprägtem Lernversagen (vgl.
Löwe, 1972; Hurrelmann, 1980), die nur selten von
selbst auf tragfähige Methoden kommen. Ursächlich für
das auftretende Lernversagen ist unter anderem, daß
viele Schüler ausgesprochen einkanalig und monoton
lernen. Das gilt laut Keller vor allem für die gängige
Textarbeit. Die betreffenden Schüler versuchen den
Textinhalt aufzunehmen, indem sie ihn mehrmals durch-
lesen. Allerdings steigen bereits beim zweiten Durch-
lesen die hinlänglich bekannten Abschweifungen und
Ablenkungen abrupt an (vgl. Keller, 1986, S. 84). Ein
anderes Symptom für die methodische Unbedarftheit
vieler Schüler: Nur wenigen (11 %) gelingt es, 'die Lern-
zeit so einzuteilen, daß sie vor Klassenarbeiten nicht
unter Zeitdruck geraten.' (vgl. ebenda, S. 29). ...
Der Mehrzahl der Schüler/innen fällt es nach eigenem
Bekunden 'eher schwer',
– den Lernstoff längerfristig zu behalten sowie den eigenen Lernerfolg treffend einzuschätzen;
– im Unterricht zielstrebig zu arbeiten sowie etwaige
Probleme und Schwierigkeiten beim Lernen zu überwin-
den;
– umfangreiche Materialien/Texte durchzuarbeiten und
das Wesentliche daraus zu entnehmen;
– wichtigen Lernstoff zusammenzufassen und entsprechende Berichte übersichtlich zu gliedern und zu gestal-

ten;
– Klassenarbeiten frühzeitig vorzubereiten sowie den Lernstoff gezielt zu üben und zu wiederholen;
– vor der Klasse frei zu reden und/oder nach eigenen Stichworten einen kleinen Vortrag zu halten;
– bei Diskussionen auf die Mitschüler einzugehen und so zu reden, daß diese aufmerksam zuhören;
– an der Tafel etwas zu erläutern und/oder trotz Unsicherheit einen mündlichen Beitrag zu liefern;
– einem längeren Lehrervortrag aufmerksam zu folgen und/oder längere Zeit ruhig zu sitzen." (Klippert, ebd., S. 22 u. 24)

Hinzu kommt, dass Methodenkompetenz gleichzeitig die Mündigkeit von Schülern fördert:

„Grundsätzlich läßt sich sagen, daß ein Schüler, der gelernt hat, selbständig zu arbeiten, zu entscheiden, zu planen, zu organisieren, Probleme zu lösen, Informationen auszuwerten, Prioritäten zu setzen, kritisch-konstruktiv zu argumentieren etc., ganz gewiß an persönlicher Autonomie und Handlungskompetenz dazugewonnen hat (…). Oder anders ausgedrückt: In dem Maße, wie sich sein Methodenrepertoire erweitert und festigt, wächst auch seine Selbststeuerungs- und Selbstbestimmungsfähigkeit – und damit seine Mündigkeit." (Klippert, ebd., S. 27)

Schließlich ermöglicht Methodenkompetenz beim Schüler erst seinen Lernerfolg:

„Für methodenzentriertes Arbeiten und Lernen spricht aber auch, daß dieses mittelbar dazu beiträgt, das inhaltlich-fachliche Lernen der Schüler zu effektivieren und ihre längerfristige Behaltensleistung zu steigern." (Klippert, ebd., S. 30) Für Klippert bestätigt dieser

Befund „nicht nur den herausragenden Stellenwert der praktischen Lerntätigkeit, sondern ist auch und zugleich ein Beleg für die positive Korrelation zwischen fachlichem Lernen, eigenständigem Arbeiten und Methodenbeherrschung; denn ohne tragfähige Lernmethodik keine wirksame Lerntätigkeit, und ohne tätiges Lernen keine befriedigende Fachkompetenz. Methodenkompetenz und Fachkompetenz sind somit aufs engste miteinander verknüpft." (Klippert, ebd., S. 30 / 31)

Der *Lernzirkel* kann nun schon aufgrund seiner Konzeption den unterschiedlichen Ansprüchen hinsichtlich der Entwicklung von Methodenkompetenz gerecht werden. An den einzelnen Stationen können unterschiedliche Methoden dominieren, können sich die Schüler eventuell auch entscheiden, mit welcher Methode sie ein Problem lösen wollen. Hinzu kommt, dass die Wahlaufgaben noch einmal ein besonderes Angebot darstellen, eigenständig Aufgaben zu bearbeiten und andere Methoden zu „üben".

• *Lernzirkel* bieten dem Schüler einzelne Aspekte eines Themas in inhaltlich kleinen, überschaubaren Sequenzen.

Der Schüler lernt bei der Arbeit an der Lernstation einen einzelnen Themenaspekt kennen. Er ist in der Lage, diese relativ kleine Lerneinheit zu bewältigen. Gleichzeitig lernt er bei der Arbeit am gesamten *Lernzirkel* die Zusammenhänge kennen. Ein ganzheitliches, vernetztes Lernen wird ermöglicht.

• *Lernzirkel* ermöglichen die direkte Kontrolle des bei der einzelnen Lernstation Gelernten.

Die direkte Möglichkeit der Selbstkontrolle ist ein Merkmal der Freiarbeit und somit auch des *Lernzirkels*. Dabei kann es sich allerdings auch als sinnvoll erweisen, die Lösung, die Ergebnisse erst später bekannt zu geben. Dies ist vor allem dann angemessen, wenn die Schüler die Arbeit mit einem *Lernzirkel* und auch sonst die Freiarbeit nicht gewohnt sind und „Missbrauch" hinsichtlich der „vorzeitigen" Kontrolle zu befürchten ist.

• *Lernzirkel* eröffnen die Möglichkeit, das Gelernte durch gezieltes Wiederholen zu festigen.
Die Erfüllung dieser Forderung ist stark von der jeweiligen Thematik des *Lernzirkels* abhängig. Gerade bei *Lernzirkeln* mit formalisierten Themen (Rechtschreibung, Grammatik oder Mathematik) lassen sich leicht Wiederholungsangebote integrieren.

• *Lernzirkel* ermöglichen entweder ein selbstständiges individuelles Arbeiten oder Partner- bzw. Gruppenarbeit an den einzelnen Stationen.
Hier wird noch einmal die Freiheit der Wahl der Sozialform betont.
Allerdings gibt es Aufgaben, die eine Zusammenarbeit mit anderen zwingend erforderlich machen. Hierzu gehören beispielsweise Plan- oder Rollenspiele. Es bietet sich an, bei jeder Lernstation die erforderliche Personenzahl, die zur Bearbeitung der jeweiligen Aufgaben notwendig sind, anzugeben.
Grundsätzlich soll durch die *Lernzirkel*arbeit die Zusammenarbeit mit anderen Schülern initiiert und gefördert werden. Es ist sinnvoll, wenn in einem Lernzirkel Einzel-, Partner- und Gruppenarbeit einander abwech-

seln. Dadurch lernen die Schülerinnen sich sowohl eigenständig als auch im sozialen Miteinander mit einem Sachverhalt zu beschäftigen.

• *Lernzirkel* fördern durch Pflicht- und Wahlaufgaben individuelles und binnendifferenziertes Arbeiten der Schülerinnen.
Dem individuellen Lerntempo und auch den unterschiedlichen Lerninteressen sowie Lernfähigkeiten wird durch das Angebot von Pflicht- und Wahlaufgaben Rechnung getragen. Bei den Wahlaufgaben, die sich sowohl im Klassenraum während des „normalen" Unterrichts als auch außerhalb (z. B. nachmittags) erledigen lassen, können Einzelaspekte eines Themas, individuelle Schwerpunktsetzungen, besondere Interessensgebiete der Schülerinnen berücksichtigt werden. Nicht zuletzt können hierdurch die besonderen Stärken einzelner Schüler gefordert und gefördert werden.

• *Lernzirkel* favorisieren die kommunikative Zusammenarbeit der Schüler und fördern somit die sozialen Kontakte sowie das affirmative und emotionale Lernen. Diskussionsfähigkeit, Kooperations- und Kompromissfähigkeit, Teamfähigkeit werden durch diese Konzeption aktiv gefördert.
Die Förderung sozialer Kontakte erfolgt bei der *Lernzirkel*arbeit nicht nur durch gemeinsame Partner- oder Gruppenarbeiten an den einzelnen Stationen, sondern auch durch den Charakter des *Lernzirkels* an sich. Er wird von den Schülern als ein Ganzes empfunden und insofern wird die einzelne Arbeit der Gruppe oder auch die Einzelarbeit an einer Station als ein Teil des

Ganzen erfahren.

• *Lernzirkel* favorisieren handlungs- und projektorientierte Unterrichtsphasen.

Neben herkömmlichen Möglichkeiten der Wissensaneignung stehen handlungs- und projektorientierte Unterrichtsphasen bei der *Lernzirkel*arbeit grundsätzlich hoch im Kurs. Dazu müssen allerdings entsprechende Unterrichtsmaterialien bereitgestellt oder von den Schülerinnen besorgt werden. Oftmals müssen die Unterrichtsbedingungen entsprechend verändert und für das handelnde Lernen vorbereitet werden. Besonders bewährt hat sich die Durchführung eines gemeinsamen Projektes am Ende der *Lernzirkel*arbeit, sozusagen als Quintessenz des gemeinsam Gelernten.

• *Lernzirkel* zielen auf die Realisierung fächerübergreifenden Lernens.

Gerade der *Lernzirkel* bietet die ideale Möglichkeit fächerübergreifende Elemente in die Arbeit an einer einzelnen Lernstation bzw. in den gesamten *Lernzirkel* aufzunehmen.

So wie die Wirklichkeit nicht nach Fächern gegliedert ist, so darf auch die Unterrichtung in der Schule nicht nur strikt getrennt fakultativ erfolgen. Dort wo es sich anbietet, muss die Ganzheit, die Vernetzung einer Thematik durch die Betonung fächerübergreifender Aspekte deutlich gemacht werden. Es ist daher notwendig, dass die Schüler „wenigstens exemplarisch im Laufe ihrer Schullaufbahn ihr Wissen aus Fächern aufeinander beziehen, die Leistungen und Grenzen fachlichen Lernens kennenlernen und die ganzheitlicheren Zugriffe fächerübergreifenden Lernens erfahren." (Gabriele

Behler in ihrem Vorwort der Dokumentation „Fächer-übergreifendes Arbeiten" – Bilanz und Perspektiven –, Frechen, 1997, S. 3)
Es ist daher notwendig, die Lernformen zu ändern. Die Schüler müssen aktiver gemacht werden. Sie müssen intelligentes, das heißt vielfach nutzbares Wissen erarbeiten, es vernetzen und aus verschiedenen Perspektiven anwenden. Und hierzu bietet das fachliche **und** das fächerübergreifende Lernen den materialen Unterbau.

• *Lernzirkel* berücksichtigen in besonderer Weise spielpädagogische Elemente.
An der einzelnen Lernstation bietet es sich an, Aufgaben auf spielerische Art und Weise lösen zu lassen. Ich habe festgestellt, dass die Lernerfolgskontrolle mit Hilfe eines Lernspiels besonders erfolgreich ist und von den Schülerinnen gerne wahrgenommen wird.

Zusammenfassend möchte ich betonen, dass *Lernzirkel* durch die besondere Berücksichtigung des selbstbestimmten und individuellen und gleichzeitig auf Teamarbeit und Kooperation mit anderen ausgerichteten Lernens eine geeignete Möglichkeit darstellen, einen emanzipatorischen und die Mündigkeit der Schülerinnen anstrebenden Unterricht zu verwirklichen . Insofern leistet *Lernzirkel*arbeit auch einen Beitrag zur demokratischen Erziehung in der Schule. Darüber hinaus vermitteln *Lernzirkel* Fähigkeiten und Fertigkeiten, die gesamtgesellschaftlich erwünscht und im Berufs- und Privatleben der Schülerinnen erforderlich sind.

Arbeiten mit einem *Lernzirkel*

Um effektiv und erfolgreich mit einem *Lernzirkel* arbeiten zu können, ist es unbedingt notwendig, die Schüler sorgfältig in den Umgang und die Arbeitsweise einzuführen. Die Lehrerin muss hierbei insbesondere die Eigenheiten der konkreten Lerngruppe, ihr Arbeitsverhalten, ihre Gruppenfähigkeit, ihre kognitiven Fähigkeiten, z. B. ihre Lesefähigkeit (sinnerfassendes Lesen) und anderes mehr berücksichtigen. Von großer Bedeutung ist, inwieweit die Schülerinnen bereits zu selbstständigem Arbeiten in der Lage sind. Äußere Bedingungen wie die Ausstattung des Klassenraumes, die Aufbewahrungsmöglichkeiten für Materialien, eventuelle Ausweichmöglichkeiten (Einbeziehen des Flures u. Ä.) spielen für eine einzelne Arbeitsgruppe (= Lernstation) ebenfalls eine nicht zu unterschätzende Rolle.

Erfahrungsgemäß ist mindestens eine Unterrichtsstunde darauf zu verwenden, die Schüler mit der Arbeitsweise eines *Lernzirkels* vertraut zu machen. Eventuell erfordert auch das Thema eine allgemeine Einführung für die Schüler, um für alle eine einigermaßen gleiche Ausgangsbasis für die weitere Arbeit zu schaffen.

Zu klären sind Fragen der Organisation, wie z. B. die Fragen nach der Wahl und dem Wechsel der Stationen, den Vorgaben hinsichtlich der Anzahl der Personen, die mindestens an einer Station arbeiten müssen, die Frage nach der Unterscheidung von Pflicht- und Wahlaufgaben, den Möglichkeiten des Wiederholens, der Nutzung der Erste-Hilfe-Station, der Bedeutung der eventuell verwendeten Symbole, dem Umgang mit dem sogenannten „Laufzettel" usw.

Verschiedene Lernstationen bilden einen *Lernzirkel*

Bei einem *Lernzirkel* wird ein Unterrichtsthema in verschiedene überschaubare thematische Lernsequenzen eingeteilt; ähnlich wie das von der Unterteilung einer Unterrichtsreihe in einzelne Unterrichtseinheiten bekannt ist. Jede Sequenz wird beim *Lernzirkel* einer so genannten Lernstation zugeordnet. Eine Lernstation stellt bei der späteren konkreten *Lernzirkel*arbeit den „Lernort" für die Schüler dar, an dem sie die Stationenarbeit verrichten. Die Lernstation ist mit unterschiedlichem Lern- und Arbeitsmaterial zur jeweiligen Stationenthematik bestückt. Dabei soll die einzelne Station sowohl von der inhaltlichen Ausprägung, als auch von der Schwierigkeit der einzelnen Aufgaben und der angesetzten Zeit her für die Schülerinnen überschaubar sein. Als grobe Orientierungshilfe sollte von einer Arbeitszeit von mindestens einer Unterrichtsstunde für eine Lernstation ausgegangen werden. Es bietet sich an, entsprechende Hinweise (Anzahl der Personen, die an der jeweiligen Station arbeiten sollen, ungefähre Zeitdauer ...) an der Station anzubringen.

Bei der *Lernzirkel*arbeit werden also verschiedene Stationen angeboten, aus denen die Schüler wählen und sie nach bekannten (und nach Möglichkeit vorher verabredeten) Regeln bearbeiten können. Dabei ist es notwendig – und dies ist bei der Konzipierung eines *Lernzirkels* unbedingt zu beachten –, dass die einzelnen Stationen **nicht** aufeinander aufbauen, also beispielsweise die Bewältigung der Station 4 **nicht** die Bearbeitung der Stationen 1 bis 3 voraussetzt. Jeder Schüler muss bei jeder Lernstation in den *Lernzirkel* einsteigen und zu einer beliebigen Station wechseln können. Wohl kann eine Station zu Beginn des *Lernzirkels* als verbindlich vorgegeben werden, um die Schülerinnen in die Thematik einzuführen. Dies sollte dann allerdings in einer Art Klassenunterricht erfolgen. Ich bezeichne eine solche Station als 0 (Null)-Station.

Es ist auch ausnahmsweise möglich, die Bearbeitung einer bestimmten Station davon abhängig zu machen, dass eine ganz bestimmte andere Station vorher „angelaufen" worden ist. Um die Klarheit des Arbeitsprinzips eines *Lernzirkels* allerdings nicht zu sehr zu strapazieren ist ein solches Vorgehen nur in Ausnahmefällen anzuwenden. Ansonsten gilt die Regel: **Jede Station muss jederzeit von jedem Schüler bearbeitet werden können.**

Die einzelnen Lernstationen werden an einer besonders dafür vorgesehenen Stelle im Klassenraum ausgelegt. Dabei ist es sinnvoll, Kopien in ausreichender Zahl an der jeweiligen Station bereitzuhalten.

Jede Schülerin führt einen eigenen „Laufzettel" (Muster siehe Seite 118), aus dem die einzelnen Stationen des gesamten *Lernzirkels* mit dem Thema der jeweiligen Lernstation hervorgehen. Hier werden bereits bearbeitete Stationen „abgehakt". Zusätzlich kann auf diesem Laufzettel Beginn und Ende der Arbeit an der einzelnen Lernstation sowie ein persönlicher Kurz-Kommentar zur Arbeit an der Station eingetragen werden.

Den Schülern sollte empfohlen werden, einen eigens für das *Lernzirkel*thema angelegten Hefter/Ordner zu führen, in den alle Informationsmaterialien, Arbeitsblätter, eigene Arbeiten, Übungsaufgaben usw. hineingehef-

tet werden können. So entsteht im Laufe der *Lernzirkel*-
arbeit für jede Schülerin ein eigenes „Buch" zum Thema.

Eine Anzahl der Lernstationen eines *Lernzirkels* lässt
sich kaum vorgeben. Zu abhängig ist sie vom jeweiligen
Thema, der Schwerpunktsetzung der Lehrerin und den
individuellen Voraussetzungen der Lerngruppe. Als
grobe Orientierung sollten ca. acht Lernstationen angeboten werden. Mehr Lernstationen erhöhen die Auswahl
der Schülerinnen. In diesem Zusammenhang möchte
ich darauf hinweisen, dass es sich durchaus als sinnvoll
erweisen kann, wenn die Lehrerin eine verbindlich zu
bearbeitende Auswahl von Lernstationen aus dem Gesamtangebot vorgibt und dies auf dem Laufzettel entsprechend kennzeichnet. Wenn also zum Beispiel der
gesamte *Lernzirkel* 14 Lernstationen umfasst, kann die
Lehrerin zum Beispiel vorgeben, dass im Laufe der
*Lernzirkel*arbeit mindestens zehn Stationen verbindlich
„angelaufen" werden müssen. Oder sie gibt an, welche
der 14 Stationen unbedingt zu bearbeiten sind und welche freiwillig bearbeitet werden können. Bei diesem
Auswahlverfahren ist es allerdings notwendig, dass
spätestens am Ende der *Lernzirkel*arbeit die Arbeitsergebnisse der gesamten Klasse vorgestellt werden.
Diese Vorstellung der Arbeitsergebnisse kann selbstverständlich auch dann erfolgen, wenn alle Schüler alle
Lernstationen im Laufe des *Lernzirkels* bearbeitet
haben.
Wenn die Lehrerin es für notwendig erachtet, kann sie
für jede Lernstation die ungefähre oder auch die maxi-
mal zu beanspruchende Arbeitsdauer angeben, an die

sich die Schüler halten sollen. Diese Vorgabe sollte aber nicht überstrapaziert und vor allem nicht rigoros gehandhabt werden.

Notwendig ist die Angabe des Schlusstermins, an dem die Arbeit mit dem gesamten *Lernzirkel* abgeschlossen sein soll (muss).
Es ist empfehlenswert, für jede Station die Anzahl der Schüler anzugeben, die für ihre Bearbeitung mindestens erforderlich ist. So kann es möglich sein, dass zum Beispiel im Mittelpunkt einer Lernstation ein Rollenspiel steht, das mit mindestens vier Personen gespielt werden muss. Dann ist es natürlich notwendig, diese Station von mindestens vier Schülern bearbeiten zu lassen.

Einen großen Stellenwert innerhalb eines *Lernzirkels* nimmt die sogenannte Erste-Hilfe-Station ein. Schüler müssen für die Bearbeitung der Aufgaben an den einzelnen Lernstationen Begriffe klären, historische Hintergründe erläutern, biografische Daten ermitteln, Formeln erklären oder eine Landkarte zu Rate ziehen … Die Erste-Hilfe-Station stellt das entsprechende Informationsmaterial aber auch andere Hilfsmittel zur Verfügung. Sie wird im Klassenraum eingerichtet, steht jedem Schüler zur Verfügung und ist mit Informationsmaterial zum Thema, z. B. Fachbücher, Fachartikel sowie Lexika, Wörterbüchern, Hilfsmitteln wie Scheren, Buntstiften, Klebern, evtl. einem Kassettenrekorder u. Ä. ausgestattet. Je nach Thema eines *Lernzirkels* bietet es sich an, entsprechende Bücher und andere Informationsmaterialien aus einer öffentlichen Bibliothek zu entleihen und für eine bestimmte Zeit in der Erste-Hilfe-Station den Schülerinnen zur Verfügung zu stellen. Die Erfahrung hat gezeigt, dass die Schülerinnen mit diesen ausgeliehenen Materialien sorgfältig umgehen, vor allem dann, wenn sie selber in der Bibliothek die Ausleihe vorgenommen haben. Dadurch lernen sie gleichzeitig die Nutzung einer öffentlichen Bücherei kennen. Man könnte überlegen, Ausleihkarten, auf denen vermerkt wird, wer gerade das eine oder andere Material entliehen hat, zu erstellen. Bestandteil einer Erste-Hilfe-Station können auch ein Fernseher mit einer Videoanlage (Anschauen einer Filmsequenz, Erstellen eines eigenen Videofilms etc.) oder ein Computer mit Internetanschluss sein. Dies erfordert allerdings ein relativ hohes Maß an organisatorischer Arbeit, da hierfür ein entsprechender Platz außerhalb des Klassenraumes gefunden werden muss. Und es ist auch die Aufsichtsfrage zu klären.

Durch das Angebot der Erste-Hilfe-Station sollen vor allem die Selbstständigkeit der Schülerinnen gefördert und die Methodenkompetenz gesteigert werden. Erst wenn das Bemühen der Schüler, ihre Defizite mit Hilfe der Erste-Hilfe-Station zu beseitigen, nicht erfolgreich war, sollte der Lehrer als Fachmann angesprochen werden und gegebenenfalls helfend eingreifen.

Die Erste-Hilfe-Station wird an leicht zugänglicher Stelle im Klassenraum eingerichtet. Sie ist für alle Schülerinnen frei zugänglich. Es ist sinnvoll, die Materialien der Erste-Hilfe-Station entweder in einem verschlossenen Schrank im Klassenraum aufzubewahren oder aber eine Kiste mit den entsprechenden Materialien im Lehrerzimmer o. Ä. zu deponieren und vor der *Lernzir-*

kel-Stunde von einem Schüler abholen zu lassen.

Wie läuft nun die *Lernzirkel*arbeit konkret in einer Unterrichtsstunde ab?

Zu Beginn einer Unterrichtsstunde mit einem *Lernzirkel* wählen die Schülerinnen aus den ausgelegten *Lernzirkel*-Stationen die aus, die sie bearbeiten möchten oder arbeiten an einer bereits in der vergangenen Stunde begonnenen Station weiter. Die Schülerinnen beschäftigen sich nun mit der entsprechenden Station, bearbeiten die Pflichtaufgaben und entscheiden, ob sie die eventuell angebotenen Wahlaufgaben ebenfalls erledigen wollen. Die Richtigkeit ihrer Lösungen kontrollieren sie entweder mit den bereitgestellten Lösungsbogen oder / und geben ihre erledigten Arbeiten am Ende der Stunde dem Fachlehrer. Sie füllen ihren Laufzettel aus. Der Lehrer kontrolliert bis zur nächsten Stunde die Arbeitsergebnisse: Entweder kontrolliert er die schon von den Schülern überprüften Lösungen oder – wenn diese den Schülern nicht zur Verfügung standen – übernimmt selbst die Korrektur. In der nächsten Stunde werden die kontrollierten Lösungen an die Schülerinnen zurückgegeben.

Einen wichtigen Aspekt bei der *Lernzirkel*arbeit stellt die Wiederholung des Gelernten dar. Dazu können beispielsweise sogenannte Lernkarten (siehe Seite 101) verwendet werden. Dies sind Karten, mit deren Hilfe das Erlernte in Frage-Antwort-Form wiederholt und gelernt wird. Wichtige abfragbare Inhalte der jeweiligen Lernstation werden in Frageform (Aufgabe) auf die Vorderseite einer DIN-A7- oder DIN-A8-Karte geschrieben. Auf der Rückseite wird die Antwort (Lösung) notiert. Diese Frage-Antwort-Karten können vom Lehrer für jede Lernstation vorgegeben werden. Sie können aber auch von den Schülern selbst angefertigt werden. Zu Beginn der *Lernzirkel*arbeit kann als grundsätzliche Aufgabe die Erstellung von Lernkarten formuliert werden („Schreibe zu jeder Lernstation vier – oder sechs, acht … – Lernkarten über die wichtigsten Inhalte der Lernstation!"). Mit Hilfe dieser Karten können die Schüler in Einzelarbeit das Gelernte wiederholen oder sich in Partnerarbeit gegenseitig befragen.

Wenn alle Schülerinnen alle Stationen bzw. die vorgegebenen bearbeitet haben, bieten sich mehrere Möglichkeiten der Lernerfolgskontrolle an. Es kann ein herkömmlicher Test erfolgen, bei dem sich die Aufgaben auf die einzelnen Lernstationen beziehen. Als geeignet hat sich eine Lernerfolgskontrolle mit Hilfe eines Lernspiels erwiesen. Als einfachste Form bietet es sich an, die erstellten Lernkarten als Grundlage für ein Abfragespiel zu benutzen: Gegenseitiges Abfragen, Abfragen in der Gruppe o. Ä.. Selbstverständlich kann dieses Lernkarten-Abfragen in einen größeren spielerischen Rahmen integriert werden. So lässt sich ein Spielparcour überlegen, der von den Spielern durchlaufen werden muss. Werden bestimmte Felder des Parcours erreicht, müssen Lernkarten bearbeitet werden usw. Da sich „Gesellschaftsspiele", die das Frage-Antwort-Prinzip in den Mittelpunkt stellen, großer Beliebtheit erfreuen (als Partyspiele, Quizsendungen im Fernsehen), kann davon ausgegangen werden, dass auch die Schüler diese Art des „Lernens" gerne wahrnehmen. Die Spielfreude lässt sich steigern, indem neben den reinen Frage-Antwort-Karten auflockernde Aufgaben gestellt werden. Ich denke hier an die Eine-Minuten-Rede zu einem bestimmten Thema, einem Begriff, einer bestimmte Situation etc. („Sprich eine Minute über … !"). Beliebt sind auch Aufgaben, die die motorischen Bedürfnisse der Schüler berücksichtigen. Beim Erreichen bestimmter Felder (zum Beispiel bei einem Parcour-Spiel) muss eine „Aktions"-Karte gezogen werden. Und hier sind Aufgaben zu erledigen wie: „Du besuchst das Fitness-Studio: Mache zehn Liegestütze!" oder „Du hast deinen Müll nicht in den Papierkorb geworfen! Fege den Klassenraum sauber!" … Ebenso lassen sich so genannte „Ereignis-Karten" in das Spiel aufnehmen, die lediglich den Sinn haben, den Spielverlauf voranzutreiben bzw. durch unkalkulierbare und von den Spielern nicht zu dirigierende Wendungen zu beeinflussen sowie die Spielsituation aufzulockern und Spaß zu vermitteln: „Du hast einen Mitschüler beleidigt! Gehe drei Felder zurück!" oder „Du bist zu spät zum Unterricht erschienen! 3 X mit dem Würfeln aussetzen!" …

Darüber hinaus sind die vielfältigsten Möglichkeiten des spielerischen Wiederholens bzw. der spielerischen Kontrolle des Lernerfolgs denkbar. Und gerade hierzu haben die Schülerinnen oft die besten Ideen! Übrigens: Den Schülerinnen macht es sehr viel Spaß Spielfelder, Spielkarten etc. kreativ und anschaulich zu gestalten. Und die erstellten Spiele lassen sich später in Vertretungsstunden ebenfalls sinnvoll einsetzen!

Bedeutung der Materialien

Die Materialien nehmen eine wichtige Funktion bei der *Lernzirkel*arbeit ein. Daher sollen sie so gestaltet sein, dass von ihnen sowohl ein hoher Aufforderungscharakter für die Schüler ausgeht, als auch ein weitgehend lehrerunabhängiges Arbeiten ermöglicht und dadurch die Selbstständigkeit gefördert wird. Darüber hinaus sollen sie Gelegenheit zur Selbstkontrolle bieten (Lösungsblätter auslegen). Allerdings ist es manchmal erforderlich, den Schülern den direkten Zugriff zu den Lösungen zu verwehren, um die Ernsthaftigkeit ihrer Beschäftigung mit den Materialien nicht zu gefährden. Die Lösungen können ja später zur Verfügung gestellt werden. Durch eine Vielzahl verschiedener Materialien, die jeweils unterschiedliche Bearbeitungs- und Sozialformen erfordern, wird differenziertes Arbeiten nach Interesse und eigenen Ansprüchen der Schüler mehr und mehr möglich. Die Aufgabenstellungen müssen altersangemessen, klar verständlich und motivierend sein. Sie müssen vor allem in den unteren Klassen in besonderer Weise kindgemäß sein und tätig-handelndes Lernen (z. B. in spielerischer Form) anbieten. Je älter die Schülerinnen sind, desto stärker tritt der Projektcharakter in den Vordergrund und desto umfassender werden die verschiedenen – wissenschaftspropädeutischen bzw. wissenschaftlichen – Formen des Beobachtens, Untersuchens und Lernens angewandt. In gleicher Weise gilt dies für den Einsatz moderner Kommunikationsmedien. Ich möchte noch darauf hinweisen, dass die Materialien auch einem bestimmten ästhetischen Anspruch genügen sollten. Die Materialien, die der Lehrer zur Verfügung stellt, sollten als Vorbild wirken. Jedes Arbeitsblatt, jede Lernkarte, jedes sonstige Hilfsmittel sollte sorgfältig erstellt und ansprechend aufbereitet sein. Dies fördert zum einen, dass die Schülerinnen gewissenhaft mit den Materialien umgehen, zum anderen werden sie motiviert sein, sich bei der Herstellung eigener Materialien an diesem Standard zu orientieren.

In der Bereitstellung der Materialien liegt die Hauptarbeit für die Lehrerin. Da durch die Materialvorgabe die Lernmöglichkeiten der Schüler weitgehend festgelegt werden, kommt dieser Arbeit eine große Bedeutung zu. Beim *Lernzirkel* arbeitet der Schüler selbstständig und lehrerunabhängig. Dies bedeutet, dass das Material möglichst selbst-erklärend sein muss. Aufgrund kurzer schriftlicher Arbeitsaufträge muss der Schüler die Aufgaben an der einzelnen Station bewältigen können.

Bei der Bereitstellung des Materials sind vom Lehrer besonders die pädagogischen Prinzipien des handelnden, entdeckenden Lernens zu berücksichtigen. Es ist erstrebenswert, dass immer so viele Arbeitsmaterialien an jeder Station vorhanden sind, wie Schüler nachfragen. Wenn man vorsieht, dass alle Schüler im Laufe des Lernzirkels alle Stationen bearbeiten, ist es sinnvoll jedes Material in Klassenstärke bereitzustellen. Allerdings hängt dies stark vom jeweiligen Material bzw. von der Aufgabenstellung ab. So ist es durchaus sinnvoll lediglich die Aufgabe schriftlich formuliert an der Lernstation auszulegen und die Aufgabe mit Hilfe von Schülermaterial erledigen zu lassen.

Alle Arbeitsmaterialien sollen nach Möglichkeit zentral im Klassenraum – nach Stationen getrennt – ausgelegt werden. Dazu kann man zum Beispiel für jede Station einen Schuber, einen Schuhkarton, einen Ordner oder einen Schubladenkasten verwenden. Das Material, das jeweils zu einer Station gehört, wird entsprechend gekennzeichnet. Ebenso sind die Aufbewahrungshilfen mit der Nummer der Lernstation zu versehen oder durch ein „Aushängeschild" kenntlich zu machen.

Nachbereitung des Lernzirkels

Am Ende der Stationenarbeit sollte eine gemeinsame Nachbereitung stattfinden. Dabei können die Schüler sowohl ihre konkreten Erfahrungen mit der *Lernzirkel*-arbeit, ihre Schwierigkeiten und Probleme sowie ihre positiven Eindrücke schildern. Gleichzeitig gibt diese Reflektionsphase der Lehrerin einen Eindruck von der Effektivität der Lernzirkelarbeit. Zwar liegen ihr die bearbeiteten Lernstationen vor, aber die verbal geäußerte Schülereinschätzung offenbart manchmal Aspekte, die sonst nicht deutlich werden würden. Ebenso hat auch die Lehrerin die Möglichkeit die Punkte zu benennen, die ihr während der Lernzirkelarbeit aufgefallen sind.
Die Nachbereitungsphase dient nicht nur der Reflektion des bearbeiteten Lernzirkels, sondern stellt gleichzeitig die Weichen für eine weitere Lernzirkelarbeit an einem anderen Thema.
Und hier bietet sich dann die Chance, dass bei einem weiteren Lernzirkel die bereits „erfahrenen" Schülerinnen in die Vorbereitung des nächsten Lernzirkels mit

einbezogen werden. Dies ist zweifellos der Idealfall, aber keineswegs illusorisch.

Wenn es erforderlich ist, kann selbstverständlich auch während der Arbeit mit dem Lernzirkel eine Reflektionsphase zwischengeschaltet werrden.

3. Modelle und Beispiele

Wie ich bereits ausgeführt habe, eignet sich die *Lernzirkel*arbeit für alle Fächer. Jedoch muss bei der Konzeption eines jeweiligen *Lernzirkels* das Fachspezifische selbstverständlich berücksichtigt werden.

Allerdings eignet sich die Lernzirkelarbeit nicht für alle Themen in gleicher Weise.

Im Folgenden stelle ich exemplarisch Auszüge aus *Lernzirkeln* verschiedener Fächer vor. Es handelt sich dabei um eine kurze Beschreibung des gesamten *Lernzirkels* und um die Darstellung einer (oder mehrerer) Lernstationen.

Diese Beispiele sollen sozusagen als Muster gelten, als Anschauungsexemplare und zur Nachahmung empfohlen.

Dabei habe ich vor allem solche Lernzirkel ausgewählt, die ich entweder selbst entwickelt oder im Unterricht ausprobiert habe. Dass dabei „meine" Fächer (Politik, Sozialwissenschaften, Geschichte) im Mittelpunkt stehen, ist daher zu erklären. Neben meinen persönlichen Erfahrungen mit der Lernzirkelarbeit sind mir zahlreiche Lernzirkel bekannt, die zum Beispiel in den naturwissenschaftlichen Fächern durchgeführt wurden.

Wie bei jedem Unterricht, muss sich der Lehrer auch beim Lernzirkel intensiv mit dem Inhalt des Themas beschäftigen. Um entscheiden zu können, welche Aspekte zu einer Lernstation genommen werden, muss die Ganzheit der Lernzirkelthematik betrachtet werden. Wichtig ist, dass der Umfang der einzelnen Lernstation dem Arbeitspensum der Schülerinnen angemessen ist.

Übersicht über die folgenden *Lernzirkel*-Beispiele:

Da es sich hierbei ausschließlich um bereits veröffentlichte *Lernzirkel* handelt, nenne ich neben dem Autor und dem Titel des *Lernzirkels* gleichzeitig auch den Verlag, in dem der jeweilige *Lernzirkel* veröffentlicht worden ist.

1. Monika Böttges: Lernzirkel „Der Zauberlehrling", Kempen 2000. 2. Aufl. (Buch Verlag Kempen)
2. Hans-Jürgen und Hildegard van der Gieth: *Lernzirkel* „Grundrechte". In: *Lernzirkel* Bundesrepublik, Kempen 2000, 2. Aufl. (Buch Verlag Kempen)
3. Gisa Kirstein: Historischer Längsschnitt: „Kinder in ihrer Zeit", Kempen 2000, 2. Aufl. (Buch Verlag Kempen)
4. Hans-Jürgen van der Gieth: *Lernzirkel* „Wahlen", Lichtenau 1999, 3. Aufl. (AOL-Verlag)
5. Hans-Jürgen van der Gieth: *Lernzirkel* „Schindlers Liste", Lichtenau 1998, 2. Aufl. (AOL-Verlag)
6. Martin Geisz: *Lernzirkel* „Afrika", Kempen 2000, 2. Aufl. (Buch Verlag Kempen)
7. Martin Geisz: *Lernzirkel* „Lateinamerika", Kempen 1999 (Buch Verlag Kempen)

1. Lernzirkel: Der Zauberlehrling

Dieser Lernzirkel, für die Grundschule konzipiert, ist bis in die Erprobungsstufe einsetzbar.
Insgesamt 25 Lernstationen beschäftigen sich mit der Ballade von Goethe, mit dem Schriftsteller, dem Zaubern ...
Zahlreiche handlungsorientierte Aufgaben ermöglichen ein Lernen mit allen Sinnen und lassen die Beschäftigung mit dem „alten" Goethetext zu einem Abenteuer besonderer Art werden.

Gliederung:
Lernzirkel „Der Zauberlehrling"

Lernstation 1: Goethe: „Der Zauberlehrling"
Lernstation 2: Die Zauberformeln
Lernstation 3: Walle, walle – Goethes Stilmittel
Lernstation 4: Vertonung
Lernstation 5: Pantomime
Lernstation 6: Zaubersprüche
Lernstation 7: Wortfeld: zaubern
Lernstation 8: Johann Wolfgang von Goethe
Lernstation 9: Goethes Reisen in Europa
Lernstation 10: Goethe-Puzzle
Lernstation 11: Zauberhafte Landschaften: Winter
Lernstation 12: Zauberhafte Landschaften: Frühling
Lernstation 13: Das Geheimnis im Schlossturm
Lernstation 14: Der unheimliche Schlossturm
Lernstation 15: Der Kristallspiegelraum
Lernstation 16: Schuhkarton-Theater
Lernstation 17: Das Zauber-Elfchen
Lernstation 18: „Zauberlehrling"-Geschichte
Lernstation 19: Kreuzworträtsel
Lernstation 20: Bastelanleitung: Zauberhut
Lernstation 21: Bastelanleitung: Zauberstab
Lernstation 22: Bastelanleitung: Zauberumhang
Lernstation 23: Bastelanleitung: Zauberpalme
Lernstation 24: Zaubertricks
Lernstation 25: Das Zauberbuch

Pantomime

Aufgabe 1:
Im Gedicht „Der Zauberlehrling"
passiert ja so einiges.
Kannst du dir vorstellen, das
Gedicht auch zu spielen?
Versuche es einmal ohne
Worte, also als Pantomime.
Vorher musst du überlegen,
wie viele Mitspieler du dir
dafür suchen musst.

Begriffserklärung: Pantomime
Theaterspiel ohne Sprache. Nur durch Körperbewegungen und Gesichtsausdruck wird die Handlung ausgedrückt. Oft spielen bei der Pantomime auch Musik und Tanz eine wichtige Rolle.

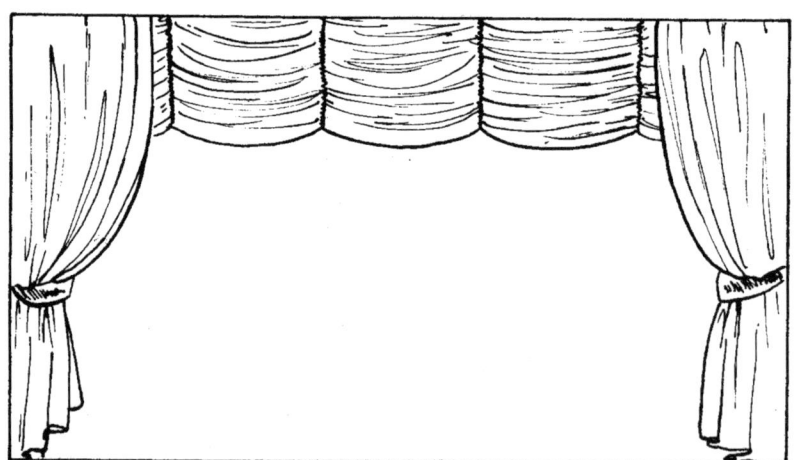

Aufgabe 2:
Eine zweite Möglichkeit ist die Darstellung mit Worten.
Neben den Mitspielern, die die vorkommenden Personen darstellen sollen,
braucht ihr noch einen Mitspieler, der passend zu der dargestellten Handlung das
Gedicht vorträgt; vielleicht auch einen zweiten Sprecher, der die Zaubersprüche
liest.

Zaubersprüche

Aufgabe 1:
Im „Zauberlehrling" hast du schon einige Zaubersprüche kennen gelernt.
Bei dieser Lernstation findest du viele weitere Zaubersprüche. Schreibe einige,
die dir besonders gefallen, in dein Zauberbuch.

STOPP! Denke daran: Es sieht schöner aus, wenn du die Texte gestaltest.
Du kannst verschiedenfarbige Stifte wählen oder auch ein Schmuckblatt verwenden und es dann in dein Zauberbuch kleben.

Aufgabe 2:
Vielleicht findest du zu Hause in einem Buch noch einen unbekannten
Zauberspruch.
Oder du erfindest selber einen Spruch für dein Zauberbuch!

Meine Zaubersprüche:

Zaubersprüche

ben zi bena
bluot zi bluoda
lid zi geliden
sose gelimida sin!

(Dieser Spruch ist 1100 Jahre
alt.
Wotan sprach ihn, als ein Pferd
sich den Fuß verrenkte.)
auf deutsch:
Knochen zu Knochen
Blut zu Blut
Glied zu Gliedern
als ob sie
zusammengeleimt seien.

Hokus Pokus
Ziegenfuß
Mückenstich und
Flintenschuss.

Hexe flexe
Feuerschwanz,
schon beginnt
der Zaubertanz

Sieben Elefantenbeine
kicken sieben Meilensteine
Löwenmark und weißer Quark
machen deine Muskeln stark!

(aus: Hexe Lakritze, E. Hasler)

Spinnendreck und
Katzenspeck
Hokus Pokus -
alles weg!

Affengeschrei und Schlangenei
Dschungelgeister
kommt herbei!
Zauberpalme recke dich,
bis zur Decke strecke dich!

(aus: Mücki, 9/88)

minz den gaawn
bill den baud
minz den gaawn
bill den baud
kittl koo
kittl koo
minz den gaawn
gnaz den eschn
ruttl znop

(Ernst Jandl)

Nadelstiche 1, 2, 3!
Der Luftballon
der platzt entzwei.
Hexenkuss und Zauberei -
mit dem Platzen ist´s vorbei!

(aus: Mücki, 9/88)

Der Kristallspiegelraum

Eigentlich wollte der Zauberlehrling schon vorbeigehen, so unauffällig ist diese Türe. Aber irgendetwas zieht ihn magisch an. Er öffnet die Tür und sieht sich plötzlich selbst in einem großen Spiegel an der Wand.
Er kann nur staunen, denn der ganze Raum hängt voller Kristallspiegel mit ganz verschiedenen wunderschönen Rahmen. In einer Wandnische entdeckt er außerdem eine glitzernde Zauberkugel.
Als der Zauberlehrling in die Zauberkugel hineinschaut, sieht er ...

Aufgabe:
Wen sieht der Zauberlehrling? Sich selbst? Wie sieht er sich?
Sieht er in die Zukunft? Was sieht er da? Wen sieht er? Sieht er etwas Schönes, etwas Schreckliches?
Entscheide dich für einen Gedanken und schreibe ihn in dein Zauberbuch.
Natürlich kannst du auch Bilder zu deiner Geschichte malen.

Schuhkarton-Theater

Kennst du ein Schuhkarton-Theater? Nein, das macht nichts. An dieser Lernstation wirst du es kennen lernen.

Du brauchst, wie du dir denken kannst, einen Schuhkarton. Die Größe spielt nicht so eine Rolle. Allerdings sollte es schon ein Karton sein, in dem Schuhe mit mindestens der Größe 36 steckten.

Und nun ist deine Fantasie gefragt.
Wie sieht eine Bühne aus?
Welche Dekorationen brauchst du, die zum Thema „Zauberei" passen?
Du kannst natürlich auch Figuren entwerfen!
Zeichne sie auf festen weißen Karton und bemale die Figuren.
Zuletzt brauchst du noch einen Vorhang für dein Theater.
Die Zeichnung auf dieser Seite kann dir als Anregung dienen.

Bastelanleitung: Zauberstab

Was wäre wohl ein Zauberer ohne seine Zauberutensilien?
In dieser Lernstation wollen wir einen Zauberstab basteln,
den ein guter Zauberer auf
jeden Fall benötigt.

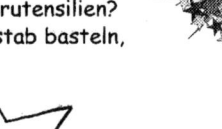

Dazu brauchst du:
1 Rundholz, 30 – 40 cm lang, ca.
1 cm dick
Filzstifte oder Plakafarben
Pinsel oder farbiges Klebeband
1 Schere
Zeitungspapier als
Arbeitsunterlage

Aufgabe:

Nun kannst du deinen Zauberstab nach deinen Vorstellungen
gestalten, du kannst ihn bemalen oder auch mit verschiedenen Motiven bekleben.

3. Lernzirkel: Grundrechte

Innerhalb des Politik- oder Sozialwissenschaftlichen Unterrichts ist eine Beschäftigung mit dem Grundgesetz und insbesondere mit den Grundrechten unerlässlich.
Bei dem hier vorgestellten Lernzirkel liegt das Schwergewicht auf dem Vergleich zwischen Verfassungsanspruch und Verfassungswirklichkeit. Ausgewählte Grundrechte werden an der Wirklichkeit überprüft. Dazu dienen zahlreiche Beispiele aus dem politischen und gesellschaftlichen Alltag.
An den Anfang des Lerrnzirkels ist eine 0-Station gesetzt worden, die sich allgemein mit dem Grundgesetz, seiner Entstehung sowie mit der Bedeutung von Grundrechten im Allgemeinen beschäftigt. Diese Station dient vor allem dem Zweck, allen Schülern eine einigermaßen vergleichbare Ausgangsbasis für die Bearbeitung des Lernzirkels zu verschaffen. Methodisch steht bei diesem Lernzirkel die Diskussion im Vordergrund. Die Abfolge der Grundrechte im Grundgesetz bildet die Grundlage für die exemplarische Auswahl.

Gliederung:
Lernstation 0: Entstehung des Grundgesetzes / Bedeutung der Grundrechte
Lernstation 1: Art. 1: Menschenwürde
Lernstation 2: Art. 2: Entfaltung der Persönlichkeit
Lernstation 3: Art. 3: Gleichheit
Lernstation 4: Art. 4: Glaubens- und Gewissensfreiheit
Lernstation 5: Art. 5: Meinungsfreiheit
Lernstation 6: Art. 8: Versammlungsfreiheit
Lernstation 7: Art. 10: Brief-, Post- und Fernmeldegeheimnis
Lernstation 8: Art. 12a: Kriegsdienstverweigerung
Lernstation 9: Art. 13: Unverletzlichkeit der Wohnung
Lernstation 10: Grundrechte-Spiel

Lernstation 1: Art. 1 GG: Menschenwürde

Würde des Menschen – was ist das?

Äußert eure Vermutungen, was man unter der „Würde" eines Menschen verstehen kann!
Was verstößt eurer Meinung nach gegen die Würde des Menschen?
Welche Lebensverhältnisse sind eurer Einschätzung nach „würdelos"?
Welches Verhalten beeinträchtigt die Würde eines Menschen? Sucht Beispiele und besprecht sie! Schreibt eure Ideen stichwortartig auf!

Art. 1 Grundgesetz:

„(1) Die Würde des Menschen ist unantastbar.
Sie zu achten und zu schützen ist Verpflichtung aller staatlichen Gewalt.
(2) Das Deutsche Volk bekennt sich darum zu unverletzlichen und unveräußerlichen Menschenrechten als Grundlage jeder menschlichen Gemeinschaft, des Friedens und der Gerechtigkeit in der Welt.
(3) Die nachfolgenden Grundrechte binden Gesetzgebung, vollziehende Gewalt und Rechtsprechung als unmittelbar geltendes Recht."

Zur Information

Essen, Kleidung und Wohnung sind Grundvoraussetzungen für ein menschenwürdiges Leben. Wenn sich jemand aus eigener Kraft diese Voraussetzungen nicht schaffen kann,
kann er auch seine ihm zustehende grundrechtliche Freiheit nicht verwirklichen. Diesem Notstand gegenüber darf sich der Staat nicht „blind" verhalten. Wer sich in Not befindet, hat Anspruch auf staatliche Hilfe, wenn ihm Familienangehörige keine Hilfe gewähren können, denn auch seine Menschenwürde ist unantastbar und muss vom Staat geachtet und geschützt werden. Der Schutz der Menschenwürde und die einzelnen Grundrechte verpflichten den Staat zu Leistungen, um die notwendigen Voraussetzungen für die Verwirklichung der grundrechtlichen Freiheit zu schaffen.

Der Tod des Wilfried C.

Wilfried C. hieß er, der junge Mann, der am vergangenen Wochenende unter einer Brücke starb. Seine Freundin nannte ihn Willi. Nennen wir ihn auch so. Willi war schon drei Jahre „unterwegs", ein Aussteiger, ein Schwieriger gewiss. Behördlich wurde er als „Nichtsesshafter" eingestuft. Damit hatte er den Stempel weg: „O.f.W." – ohne festen Wohnsitz. Das kommt in die Papiere. Das grenzt aus. Willi hat es vorgezogen, sich zu verkriechen. Gründe dafür wird er gehabt haben, oder er war einfach zu schwach, um noch irgendwo anzuklopfen.
Aufgabe:
Überlegt und besprecht einmal folgende Fragen: Starb Willi, weil seine Würde von der „staatlichen Gewalt" nicht geachtet und geschützt wurde, oder…? Wollte Willi so leben, wie er es tat, und wie hätte er es menschenwürdig tun können? Wer hätte wie helfen können? Berichtet schriftlich über eure Gesprächsergebnisse!

Lernstation 1: Art. 1 GG: Menschenwürde

Drei Beispiele

Alter: Warten auf den Tod?

Haus 14 gehört zu den besonderen Stationen des Landeskrankenhauses in L., weil es renoviert und modern ausgestattet ist. Das heißt auch, daß nicht zwischen acht und 25, sondern nur drei bis acht Personen in einem Raum schlafen.

Bad und Küche sind hygienisch und gepflegt, sämtliches Mobiliar ist abwaschbar, und der Linoleumfußboden glänzt immer frischgeputzt. Alles wirkt steril, daran ändert weder der Farbfernseher noch die mit Abziehbildchen beklebten Schränke etwas.

Im Aufenthaltsraum stehen sechs Tische, an denen jeweils vier Personen sitzen, größtenteils alte Männer, die von ihren Familien abgeschoben wurden, weil sie aufgrund ihres körperlichen oder geistigen Verfalls nicht länger tragbar erscheinen, außerdem ein etwa 40 Jahre alter Schwachsinniger, ein zwanzigjähriger junger Mann, der angeblich schizophren, und ein 35jähriger Mann mit einem Nervenleiden, der ansonsten geistig völlig normal ist.

Im Raum herrscht eine bedrückende Stille, die meisten Männer sitzen schweigend auf ihren Stühlen und starren vor sich hin, ganz wenige führen Selbstgespräche. Dass sich zwei unterhalten, ist eine Seltenheit.

Die Atmosphäre hat etwas von vorweggenommenem Tod: Die Patienten werden verwahrt wie alte Möbel, aber was das Leben vom bloßen Vorhandensein unterscheidet, nämlich Gespräche, Unterhaltungen, Kontakte mit anderen Menschen, fehlt völlig. Die drei Pfleger, die tagsüber auf der Station Dienst machen, sind beschäftigt mit der körperlichen Pflege der stumm und starr herumsitzenden Männer oder regungslos im Wachsaal im Bett liegenden Pflegefälle.

Tod im Hinterhaus

So einsam, wie sie gelebt hatte, starb sie. Niemand beklagte ihren Tod, niemand vermisste sie, denn niemals hatte sich jemand um sie gekümmert. Es dauerte Tage, bis ihre Leiche gefunden wurde. Die Nachbarn sind betroffen: Die Rentnerin Marianne Jaeger ist, 79 Jahre alt, verhungert. Verhungert – mitten in Berlin, in einer verkommenen Mietskaserne in Wedding. Die Rentnerin hinterließ einen Koffer voll Geld, erben wird es wohl der Staat, dem sie Jahrzehnte so tödlich gleichgültig war.

Slums – auch in der Bundesrepublik

In einer der alten Arbeiterwohnungen von Darmstadt, die vor etwa 75 Jahren gebaut wurden, lebt Familie Sch. mit elf Kindern seit über zehn Jahren. Die 13köpfige Familie lebt in Räumen, in denen die Möbel und Betten wegen der ständigen Nässe verfaulen. 13 Personen müssen mit 46 qm Wohnraum auskommen. Drei Kinder schlafen in einem Bett. Immer häufiger wurden die Kinder krank, Infektionskrankheiten übertrugen sich in der Wohnung. Zuletzt erkrankte die achtjährige Tochter an Tuberkulose.

Aufgaben:

Besprecht die Aufgaben und haltet eure Ergebnisse stichwortartig schriftlich fest!

1. Besprecht diese Fallbeispiele und überlegt, ob die beschriebenen Verhältnisse mit den Bestimmungen des Art. 1 GG übereinstimmen!

2. Wodurch, glaubt ihr, wird die Würde des Menschen nicht beachtet? Begründet eure Meinung!

3. Nennt Ursachen für die beschriebenen Verhältnisse!

4. Was müsste eurer Meinung nach getan werden, um die Verhältnisse zu verändern bzw. zu verbessern?

5. Wer müsste diese Veränderungen vornehmen?

3. Lernzirkel: Historischer Längsschnitt „Kinder in ihrer Zeit"

Beim folgenden Lernzirkel handelt es sich um eine besondere Form der Geschichtsbetrachtung, dem historischen Längsschnitt. Der Längsschnitt stellt nicht den chronologischen Ablauf in den Mittelpunkt der geschichtlichen Betrachtung, sondern die historische Thematik in ihrer Entwicklung und Einbindung in die jeweilige Zeit. Dadurch wird den Schülern und Schülerinnen ein ganzheitliches Bild und eine zusammenhängende Sichtweise einer historischen Themenstellung vermittelt. Nehmen wir als vorrangiges Ziel des Geschichtsunterrichtes die Entwicklung von Geschichtsbewusstsein ernst, sind historische Längsschnitte unverzichtbar.

Sie eignen sich sehr für die Lernzirkelarbeit. Jede einzelne ausgewählte Geschichtsepoche, in der das Längsschnittthema behandelt wird, stellt den Inhalt für eine Lernstation dar.

Gliederung:
Lernzirkel: Historischer Längsschnitt „Kinder in ihrer Zeit"

Lernstation 0: Unsere Klasse
Lernstation 1: Leben in der Steinzeit
Lernstation 2: Leben im Alten Ägypten
Lernstation 3: Leben im Alten Griechenland
Lernstation 4: Leben im Römischen Reich
Lernstation 5: Leben im Mittelalter
Lernstation 6: Leben zur Zeit der Industrialisierung
Lernstation 7: Leben im Dritten Reich
Lernstation 8: Leben in der Dritten Welt
Lernstation 9: Leben in der Gegenwart

0.1   Unsere Klasse

Wir sind die Klasse 5 c! In unserer Klasse sind viele Schülerinnen, die in anderen Ländern geboren sind.
Andere sind zwar in Deutschland geboren, haben aber Elternteile, die im Ausland geboren sind und nun in Deutschland leben.

Alis Vater ist Türke
(hellblaues Shirt)

Jennys Mutter ist aus den
Niederlanden
(beiger Pulli)

Bruno aus
Rumänien
(roter Pulli)

Zehra aus
der Türkei
(lila Pulli)

Fatih aus der
Türkei
(weißer Pulli)

Anon aus
Thailand (dun-
kelblauer Pulli)

Muzafera aus
Sarajevo/Bosnien
(hellroter Pulli)

Jenni aus der
Ukraine
(dunkelroter
Pulli)

Miguels Vater ist
Portugiese
(gestreifter Pulli)

0.2   *Aufgaben*

1. Erstelle eine Tabelle und trage in die Spalten ein!

NAME	LAND	SPRACHE	ENTFERNUNG

2. Untersucht eure eigene Klasse! Ihr braucht dazu eine Wandkarte von Europa.
Wo kommen eure Mitschüler her? Markiert ihre Heimatorte mit einer Stecknadel an
der Wandkarte! Verbindet nun die Punkte der Heimatorte mit dem Ort eurer Schule!
Errechnet die Entfernungen!

0.3   Klassenprojekt: Kennenlerntag

Organisiert einen Kennelerntag!

Alle Schüler bringen etwas Typisches aus ihrer Heimat mit! Zum Beispiel ein Buch in der Muttersprache, ein traditionelles Kleidungsstück, eine Schallplatte, Kassette etc. mit typischer Musik aus der Heimat, ein Foto von einer Familienfeier, etwas aus der Schule ihres Heimatlandes, Nahrungsmittel ...... !
Jeder Schüler stellt sein „Mitbringsel" vor und berichtet aus seiner Heimat!
Erstellt eine bunte Wandzeitung über die verschiednen Dinge, die von euch vorgestellt worden sind.
Sucht gleichzeitig dazu in verschiedenen Lexika Informationen zu den einzelnen Ländern:
– Flagge – Größe des Landes – Bevölkerungszahl – Klima (Temperatur und Niederschlag) – typische Früchte des Landes – religiöse Feste im Jahr – usw.

Anon macht thailändische Waffeln

Kokoswaffeln mit Tee-Eis – Thailand –

Zutaten:
250 g Mehl, 1/4 l Kokosmilch, 2 Eier, 125 g Zucker, 1 Esslöffel Zitronensaft, Fett zum Ausbacken
Für das Tee-Eis: 1 1/2 Teelöffel Jasmintee, 300 ml Sahne, 50 g Zucker, 1 Eigelb, 50 ml Orangensaft, Zitronenmelisse zum Garnieren.
Zubereitung:
1. Das Mehl mit der Kokosmilch, den Eiern, dem Zucker und 2 Esslöffeln Wasser zu einem Teig verrühren. Den Zitronensaft dazugeben. Den Teig ca. 30 Minuten ruhen lassen.
2. Das Eis sollte man am besten am Vortag zubereiten. Dafür den Jasmintee mit 100 ml kochendem Wasser überbrühen und 5 Minuten ziehen lassen.
3. Den Tee anschließend durchsieben und auskühlen lassen.
4. Die Sahne mit der Hälfte des Zuckers steif schlagen. Die andere Hälfte des Zuckers mit dem Eigelb schaumig schlagen.
5. In einer großen Schüssel die Eiscreme mit der Sahne, dem Tee und dem Orangensaft vorsichtig vermengen und im Gefrierschrank (am besten über Nacht) erstarren lassen.
6. Aus dem Waffelteig portionsweise Waffeln ausbacken.
7. Das Eis zu Bällchen formen und zusammen mit den Waffeln anrichten, mit Zitronenmelisse garnieren und sofort servieren.
Vorbereitungszeit (ohne Gefrierzeit): 30 Min.
Zubereitungszeit: 30 Min.

Jenny zeigt eine russische Bibel

Fatih berichtet über die Moschee

Усмирение бури
³⁵ Вечером того дня сказал им: переправимся на ту сторону.
³⁶ И они, отпустив народ, взяли Его с собою, как Он был в лодке; с Ним были и другие лодки.
³⁷ И поднялась великая буря; волны били в лодку, так что она уже наполнялась водою.
³⁸ А Он спал на корме на возглавии. Его будят и говорят Ему: Учитель! неужели Тебе нужды нет, что мы погибаем?
³⁹ И, встав, Он запретил ветру и сказал морю: умолкни, перестань. И ветер утих, и сделалась великая тишина.
⁴⁰ И сказал им: что вы так боязливы? как у вас нет веры?
⁴¹ И убоялись страхом великим и говорили между собою: кто же Сей, что и ветер и море повинуются Ему?

Anke berichtet über das letzte Weihnachtsfest

0.4 Huy, 11 Jahre, aus Frankfurt:

„Ich hatte am Anfang noch nicht so viele Freunde, weil ich keine Deutsche bin. Ich fand es sehr blöd, dass die Deutschen Ausländer nicht gut behandeln. Deutsche sind schließlich auch Ausländer, wenn sie in andere Länder

gehen. Außerdem sind Türken, Marokkaner und Jugoslawen auch Menschen und keine Tiere, die man wie Dreck behandeln darf. (Tiere darf man natürlich auch nicht wie Dreck behandeln! Anmerkung von Gisa Kirstein)

Ich finde es blöd in Deutschland, weil so viele Deutsche Ausländer rauswerfen und ihnen keine Arbeit und keinen Platz zum Wohnen geben.

Es gibt aber auch Leute, die gut zu Ausländern sind.

Ich fand es an einem Tag ganz gemein, als ich mit meinen Freunden in der Straßenbahn war. Ein alter Mann sagte zu uns: 'Ihr Scheiß'-Ausländer, ihr Affen.'"

0.5 Aufgaben

1. Huy hat schlimme Erfahrungen in Deutschland gemacht. Nenne sie!
2. Warum wurde sie so behandelt?
3. Frage deine ausländischen Mitschüler: Welche Probleme haben und hatten sie in Deutschland?
4. Entwerft einen Artikel für die Schülerzeitung über ausländische Mitschüler Mitbürger!

Hier kannst du deine eigenen Ideen zum Thema „Ausländer in Deutschland" aufmalen, hinschreiben ...... Du kannst eine Collage fertigen, Fotos einkleben oder...!

90

0.6   Wo komme ich eigentlich her?

Ich heiße _____, bin _____ Jahre alt,

besuche die Klasse _____ und lebe in _____.

Seit _____ Jahren lebe ich in Deutschland.

Mein Vater ist _____ Jahre alt und lebt

seit _____ Jahren in Deutschland. Geboren wurde er in der

Stadt _____, das ist in _____

(Land). Bisher hat er an folgenden Orten gelebt:

_____

Meine Mutter ist _____ Jahre   alt und lebt seit _____ Jahren in

Deuitschland. Geboren wurde sie   in _____ (Stadt),

das ist in _____   (Land). Bisher hat sie an folgenden

Orten gelebt: _____   _____

Meine Oma ist _____ Jahre alt und lebt seit _____ Jahren in Deutsch-

land. Geboren wurde sie in _____(Stadt),

das ist in _____ (Land). Bisher hat sie an

folgenden Orten gelebt: _____

Mein Opa ist _____ Jahre alt und lebt seit _____

Jahren in Deutschland. Geboren wurde er in

der Stadt _____, das ist in _____

(Land). Bisher hat er an folgenden Orten gelebt: _____

_____

0.7   *Aufgaben*

1. Erstelle einen Steckbrief von dir und deiner Familie. Dazu musst du deine Eltern und Großeltern befragen!
2. Klebe Bilder von deiner Familie auf die Rückseite dieses Blattes!

Hinweis:
Selbstverständlich können auch die deutschen Schülerinnen und Schüler einen ähnlichen Steckbrief erstellen!

0.8   Die Grundrechte

(Aus dem Grundgesetz der Bundesrepublik Deutschland)

Artikel 1
(1) Die Würde des Menschen ist unantastbar. Sie zu achten und zu schützen ist Verpflichtung aller staatlichen Gewalt.

Artikel 2
(1) Jeder hat das Recht auf die freie Entfaltung seiner Persönlichkeit, soweit er nicht die Rechte anderer verletzt und nicht gegen die verfassungsmäßige Ordnung oder das Sittengesetz verstößt.
(2) Jeder hat das Recht auf Leben und körperliche Unversehrtheit. Die Freiheit der Person ist unverletzlich. In diese Rechte darf nur aufgrund eines Gesetzes eingegriffen werden.

Artikel 3
(1) Alle Menschen sind vor dem Gesetz gleich.
(2) Männer und Frauen sind gleichberechtigt.
(3) Niemand darf wegen seines Geschlechtes, seiner Abstammung, seiner Rasse, seiner Sprache, seiner Heimat und Herkunft, seines Glaubens, seiner religiösen oder politischen Anschauungen benachteiligt oder bevorzugt werden.

0.9   *Aufgaben*

1. Was versteht man unter dem Begriff „Würde des Menschen" (Art. 1 des Grundgesetzes)?
2. Nenne Beispiele dafür, wo die Würde des Menschen nicht beachtet worden ist!
3. Was ist unter der Entfaltung der Persönlichkeit zu verstehen. Wo gibt es Grenzen bei der Entfaltung der Persönlichkeit?
4. Beurteile dein Verhalten Ausländern gegenüber (berücksichtige dabei Artikel 3 des Grundgesetzes)!
5. Wie lassen sich die Grundrechte mit dem Begriff „Nächstenliebe" vergleichen?

4. Lernzirkel Wahlen

Das Thema „Wahlen" gehört zum Standardrepertoire des Politikunterrichts.
Politische Wahlen stellen die deutlichste und wichtigste Möglichkeit des Staatsbürgers dar, seine Meinung zum Ausdruck zu bringen und politisch wirksam werden zu lassen.

In diesem Lernzirkel werden zahlreiche „typische" Methoden des Politik- bzw. sozialwissenschaftlichen Unterrichts „eingeübt". So werden Umfragen durchgeführt, Tabellen ausgewertet, Texte analysiert. Rollenspiele und Diskussionen dienen der tätigen Auseinandersetzung mit ausgewählten Fragestellungen. Allerdings muss man bei diesem Thema davon ausgehen, dass die Schülerinnen nicht über ein großes Wissen verfügen. Insofern sind viele Informationen zu vermitteln, die erst die Basis für eine weitere Bearbeitung, für Diskussionen oder Rollenspiele, bilden.

Im Mittelpunkt des Lernzirkels stehen die Aspekte, die für die Bundestagswahl von Bedeutung sind. Daneben werden aber auch Kommunalwahlen sowie Landtags- und Europawahl mit in die Betrachtung einbezogen.
Das Lernspiel „Wahlprofi gesucht" am Ende des Lernzirkels wird sinnvollerweise erst dann eingesetzt, wenn die Schüler alle (oder eine große Auswahl) der Lernstationen bearbeitet haben.

Gliederung:

Lernstation 1: Funktion von Wahlen
Lernstation 2: Mitbestimmung in der Schule
Lernstation 3: Wahlen in der Demokratie
Lernstation 4: Aktives und passives Wahlrecht
Lernstation 5: Wahlgrundsätze
Lernstation 6a: Wahlsysteme
Lernstation 6b: Änderung der Wahlregeln
Lernstation 7: Kandidatenaufstellung
Lernstation 8: Bundestagswahl
Lernstation 9: Parteienwerbung
Lernstation 10: Parteien in der BRD
Lernstation 11: Fernsehwerbung
Lernstation 12: Ausländerwahlrecht
Lernstation 13: Nichtwähler
Lernstation 14: Wahlkampf- und Parteienfinanzierung
Lernstation 15: Landtagswahlen
Lernstation 16: Europawahl
Lernstation 17: Kommunalwahlen
Lernstation 18: „Wahlprofi gesucht!" – ein Spiel zur
Lernkontrolle

Grundsätze für die Wahl
Wahlrechtsgrundsätze

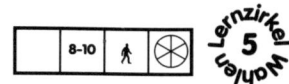

| | 8-10 | 🚶 | ⊗ |

Art. 38 Abs. 1 des Grundgesetzes:

„Die Abgeordneten des Deutschen Bundestages werden in allgemeiner, unmittelbarer, freier, gleicher und geheimer Wahl gewählt."

5.1 ❗ Was bedeuten die in Art. 38 Abs. 1 des Grundgesetzes vorgeschriebenen demokratischen Wahlrechtsgrundsätze im einzelnen?

allgemein: _____

unmittelbar: _____

frei: _____

gleich: _____

geheim: _____

Sicherlich könnt Ihr Euch Wahlen vorstellen, bei denen gegenteilige - also undemokratische - Grundsätze gelten.

Formuliert solche nicht-demokratischen Wahlrechtsgrundsätze und schildert deren Folgen für Wähler und zu Wählende!

5.2 ☞

Das höchste Gericht in Deutschland, das Bundesverfassungsgericht, hat im Jahre 1956 noch weitere Grundsätze aufgestellt, die für demokratische Wahlen unverzichtbar sind:

◆ Es muß eine Freiheit der Auswahl unter mehreren Parteien um die Macht geben.

◆ Es muß sichergestellt sein, daß zwei oder mehrere Parteien um die Macht konkurrieren.

◆ Es muß gleiche Chancen für alle Parteien geben, die zur Wahl antreten.

◆ Es muß gewährleistet sein, daß die Wahl nur eine Entscheidung des Wählers für eine bestimmte Zeit bedeutet.

❗ Besprecht diese Punkte im einzelnen!

5.3 **!** Hier sind nun eine Reihe von Ereignissen aufgelistet, die gegen die Grundsätze einer demokratischen Wahl verstoßen.

Besprecht diese Ereignisse und überlegt, gegen welchen Grundsatz jeweils verstoßen wird!

Ereignis: **Verstoß gegen:**

a) Weil der Fabrikbesitzer F. viel mehr Steuern zahlt als alle anderen Bürger der Stadt, zählt seine Stimme bei der Wahl doppelt.

b) Gabriele T. ist wegen Beleidigung des Bundeskanzlers rechtskräftig verurteilt worden. Sie wird zur Bundestagswahl nicht zugelassen!

c) Im Bundestag sitzen nur Abgeordnete der Partei XYZ, da auch sonst keine anderen Parteien zur Wahl zugelassen waren.

d) Nur wer eine mindestens ausreichende Leistung im Fach Politik auf dem letzten Zeugnis nachweisen kann, ist zur Wahl zugelassen.

e) Nur Partei A. wird es gestattet, Wahlspots im Fernsehen zu zeigen.

f) Die Kandidaten der Partei B. „beraten" die Wähler im Wahllokal und verhindern so häufig „falsche" Stimmabgaben.

g) Die Stadträte der Stadt L. werden auf Lebenszeit gewählt.

h) Frau Meier wird von einer Gruppe von Analphabeten beauftragt, für sie ihre Stimme abzugeben.

i) Die Wähler Schmitz, Müller, Jansen und Neumann geben im Wahllokal laut bekannt, für welche Partei bzw. welchen Kandidaten sie ihre Stimme abgeben werden. Auf eine Stimmabgabe in der Wahlkabine verzichten sie.

j) Der Handwerksmeister K. verspricht allen seinen Mitarbeitern eine Lohnerhöhung, wenn sie die Partei ZYX wählen.

5.4 **W** Startet einmal eine Umfrage, bei der Ihr die wahlmündigen Bürger nach ihrem Wissen über die Wahlrechtsgrundsätze befragt.

Das Ergebnis ist sicherlich interessant.

Besprecht Eure Erfahrungen mit der ganzen Klasse. Empfehlenswerte Hilfsmittel sind Cassettenrekorder und/oder Videokamera!

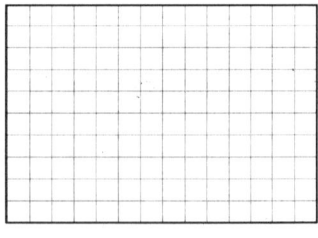

96

„Nichts ist unmöglich ... "
Parteien machen Werbung

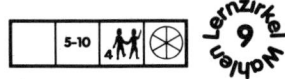

Jetzt den Aufschwung wählen

Wählt den Fortschritt

Es geht um Deutschland

Freiheit braucht Mut

Damit Gerechtigkeit regiert, nicht soziale Kälte

Wir schaffen die alten Zöpfe ab

Frohe Zukunft

Leistung wählen

Mehrheit für soziale Gerechtigkeit

Auf den Kanzler kommt es an

Politik für die Freiheit

Glück für die Menschen

Freiheit statt Sozialismus

Mehr Demokratie wagen

9.1 ❗ Besprecht einige dieser Wahlslogans, die meist aus Wahlkämpfen der Bundestagswahlen der letzten Jahre stammen!

9.2  Wir wissen noch nicht, mit welchen Aussagen, welchen Slogans, die Parteien in Zukunft ihre Wahlkämpfe führen werden, die Wähler überzeugen wollen. Aber sicherlich sind wieder ein paar flotte Sprüche, markige Worte und einprägsame Bilder dabei.

Die Wahlwerbung der Parteien erfolgt auf unterschiedliche Weise:

◆ durch ein Wahlprogramm
◆ durch Wahlkampfveranstaltungen und Wahlkampfreden
◆ durch Radio- und Fernsehspots
◆ Zeitungsanzeigen, Wahlplakate, Wurfzettel usw.

Die Parteien stellen also ihre Vorstellungen zu wichtigen politischen Fragen vor, formulieren Ziele ihrer zukünftigen Politik, verkünden, wie sie nach den Wahlen vorgehen, und welche Maßnahmen sie ergreifen wollen.

Auf einer Vielzahl von Wahlveranstaltungen präsentieren sich die Direktkandidat/innen der Parteien und stehen den Bürger/innen Rede und Antwort.
Prominente Parteimitglieder reisen kreuz und quer durchs ganze Land, hetzen von Kundgebung zu Kundgebung, um für ihre Partei und ihre eigene Person zu werben.
Jede Gelegenheit wird wahrgenommen, den Wähler/innen die Vorteile der eigenen Partei und die Nachteile der konkurrierenden Parteien vor Augen zu führen.

9.3 ! Wir werden uns nun genauer mit den Möglichkeiten konkreter Wahlwerbung beschäftigen:

Projekt Kl.9

Schlagzeilen:

Bürger von Zoffhausen gegen Schnellstraße

•

Ärger in Meckersheim: Stadt baut doch kein Jugendheim

•

In Lümmelheim zu wenig Plätze für Obdachlose

•

Freibad muß schließen: Kosten sind zu hoch für die Stadt

•

Wieder Erhöhung der Müllabfuhrgebühren

•

Neckar bei H. stark belastet

usw. usw.

Solche oder ähnliche Schlagzeilen kennt jede/r von Euch aus dem Lokalteil Eurer Tageszeitung. Worüber spricht man denn zur Zeit bei Euch? Welche Probleme liegen an? Worüber diskutiert, streitet man?

Vor einer Wahl werden solche Themen besonders wichtig. Die Ortspolitiker/innen melden sich zu Wort und versprechen Lösungen. Wie kann so etwas ablaufen?

Entscheidet Euch für die Bearbeitung eines Themas, das Ihr als besonders wichtig anseht, das für Euch - und auch für die Bürger und Bürgerinnen Eures Heimatortes - besonders interessant ist und das vielleicht auch zu unterschiedlichen Meinungen führt!

Verteilt die Rollen: D.h., bildet mehrere „Parteien" (dabei ist es nicht so wichtig, ob Ihr „echte" oder „ausgedachte" Parteien nehmt!) Jede „Partei" diskutiert nun das Thema und formuliert eine eigene Meinung/Position! Jede „Partei" überlegt nun eine Methode, für ihre Meinung zu werben (Je nach den Möglichkeiten entscheidet Ihr Euch z.B. für ein Plakat, eine Rede, einen Videospot usw.)!

Alle Werbungen werden „vorgeführt" und diskutiert! (Z.B. könnt Ihr Eure Ergebnisse der gesamten Klasse vorstellen und evtl. auch die Klasse über die einzelnen Werbungen abstimmen lassen!)

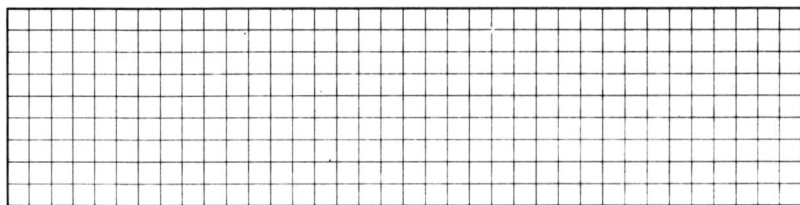

9.4

Projekt
Kl.5+6

Immer gibt's Ärger, weil wir nirgendwo spielen können!

Nachmittags habt Ihr immer Probleme, einen geeigneten Platz zum Spielen zu finden. Entweder ist überhaupt kein Platz vorhanden oder man schickt Euch weg, vielleicht weil Ihr zu laut seid, zu viel Dreck macht oder einfach, weil man es nicht haben kann, wenn Kinder in Seh- und Hörweite spielen.
Zwar ist genügend Platz für Autos da (Parkplätze), doch Spielplätze sind Mangelware. Und die, die da sind, sind total vergammelt.

Was könnt Ihr tun?

Auf der Rückseite unten stehen ein paar Ideen! Aber nur dann hingucken, wenn Euch wirklich nichts einfällt!

Übrigens, wenn Ihr ein anderes Problem habt, eine andere Sache, über die Ihr Euch immer ärgert, dann könnt Ihr Euch natürlich auch damit beschäftigen!

Raster für einen Spielplatz-Plan!

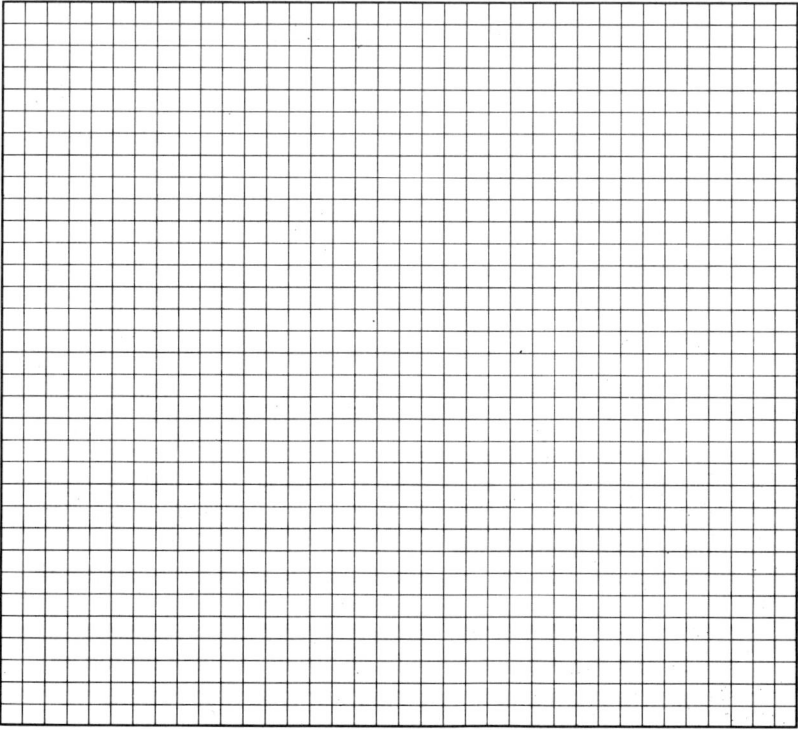

99

9.5 W *(eher etwas ab Kl. 8!)*

Besorgt Euch Wahlwerbungen der Parteien und untersucht diese Werbemittel!

Untersuchungsaufgaben:

- Was versprechen die Parteien dem Wähler, welche Ziele werden genannt, wie sollen diese Ziele erreicht werden, wem soll die zukünftige Arbeit zugute kommen?

- Mit welchen Mitteln wird geworben (sachliche Informationen; Appelle an die Vernunft, an Gefühle; Überredung; Schlagwörter etc.)?

- Wie wird der Wahlkampfgegner dargestellt? Ist ein Vergleich mit den Aussagen der anderen Parteien möglich?

- Könntet Ihr Euch aufgrund der Wahlwerbungen für eine Partei entscheiden? Begründet Eure Entscheidung!

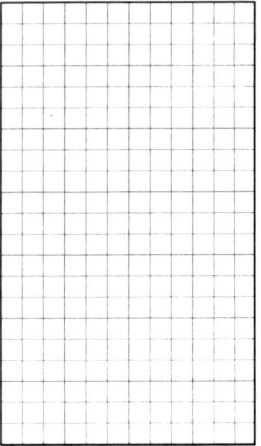

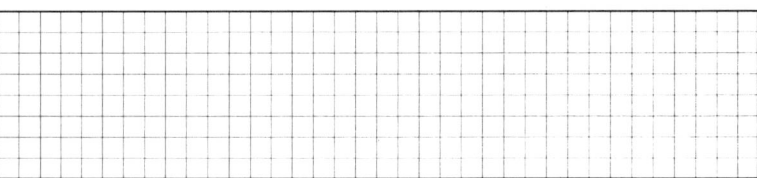

zu 9.4

Tips für die Lösung des Spielplatzproblems:

Z.B. könntet Ihr Eure Nachbarn, die Erwachsenen überhaupt oder den Bürgermeister, die Politiker in Eurer Stadt, auf Euer Problem aufmerksam machen. Günstig wäre es auch, wenn Ihr direkt einen Vorschlag zur Lösung des Problems machen könntet: Plan (oder sogar ein Modell) eines „Wunsch"-Kinderspielplatzes usw.

Ihr könnt natürlich auch Flugblätter entwerfen, mit denen Ihr auf Euer Problem aufmerksam macht!

Übrigens: Wenn Politiker gewählt werden wollen, dann hören sie sich auch die Probleme von Kindern an!

Das ist die Frage. Pol. 001

In einer Demokratie herrscht das Volk.
Wodurch übt das Volk diese Herrschaft in erster Linie aus?

Das ist die Frage Pol. 002

Unterscheide und erkläre jeweils das aktive und das passive Wahlrecht!

Das ist die Frage Pol. 003

In der Bundesrepublik Deutschland müssen die Wahlen nach sogenannten „demokratischen Wahlrechtsgrundsätzen" durchgeführt werden.

Nenne diese fünf Grundsätze und erkläre sie jeweils kurz!

Das ist die Frage Pol. 004

Das Wahlsystem für die Bundestagswahl bezeichnet man als „personalisierte Verhältniswahl", einer Kombination von zwei Wahlsystemen, der Mehrheitswahl und der Verhältniswahl.

Erkläre diese beiden Wahlsysteme kurz!

Das ist die Frage Pol. 005

Erkläre die „Fünf-Prozent-Klausel"!

Das ist die Frage Pol. 006

Nenne zwei wichtige Aufgaben
des Bundestages!

Das ist die Frage Pol. 007

Welche Möglichkeiten der Werbung nutzen die Parteien im Wahlkampf?

Das ist die Frage Pol. 008

Erkläre den Begriff „Partei"!

101

6. Lernzirkel Schindlers Liste

Erst durch den gleichnamigen Film von Steven Spielberg wurde der Roman von Thomas Keneally einem größeren Publikum bekannt.
Die Geschichte des deutschen Industriellen Oskar Schindler, der vom Nazi zum Judenretter wird, schuf die Basis für eine intensive Auseinandersetzung mit dem Nationalsozialismus; vor allem bei jungen Leuten.
Das Thema der Judenverfolgung in der Nazizeit an dem Film bzw. dem Buch „Schindlers Liste" aufzuhängen birgt die Chance über die emotionale Betroffenheit bei den Schülern zu einem tiefgreifenden Verstehen der Schrecken dieser Zeit und dem tyrannischen System vorzudringen.

Gliederung:
Lernstation 1: Das Judentum
Lernstation 2: Antisemitismus / Rassismus
Lernstation 3: Judenverfolgung im Dritten Reich
Lernstation 4: Das System der Konzentrationslager
Lernstation 5: Das Leben im Ghetto und im KZ
Lernstation 6: Die Täter – Psychologie der SS –
Lernstation 7: Widerstand im Dritten Reich
Lernstation 8: Die Person Oskar Schindler
Lernstation 9: Schindlers Geschichte im Roman
Lernstation 10: Judenretter in der Nazizeit
Lernstation 11: Widerstand heute
Lernstation 12: Filmkritik
Lernstation 13: Die unbewältigte Vergangenheit
Lernstation 14: Projektideen

Die Täter – Psychologie der SS

6.1 📖 Charakter- und Verhaltensmerkmale vieler Nationalsozialisten

Immer wieder stellt sich die Frage: Was waren das eigentlich für Menschen, die diese schrecklichen Taten in der Nazizeit begangen haben? Waren das alles Monster, Menschen ohne Gewissen, gefühllose Sadisten, psychisch Kranke?

Selbstverständlich lassen sich nicht alle SS-Leute oder andere Nazis über einen Kamm scheren, aber gewisse übereinstimmende Charakter- und Verhaltensmerkmale sind doch feststellbar:

- Es waren meist einfach, schematisch denkende Menschen. Für sie galt entweder Schwarz oder Weiß, für sie war jemand gut, oder er war böse.

- Sie waren meist gefühlsmäßig *unterentwickelt*. Diesen Mangel versuchten sie oft durch übermäßige Härte und Brutalität zu überdecken.

- Typisch war ihre Autoritätsgläubigkeit. So folgten sie blind und unkritisch ihren Vorgesetzten und deren Befehlen (*Führer befiehl – wir folgen!*).

- Ihr Tun war darauf gerichtet, den SS-Zielen bzw. NS-Vorstellungen zu entsprechen. Dabei mußte auch schon einmal der sogenannte *innere Schweinehund* überwunden werden. Einzig und allein entscheidend war die Frage, ob die eigenen Triebe und Gefühle der Erfüllung der SS-Ziele dienten oder schadeten.

- Als *Humanitätsduselei* wurde Mitleid mit den von der Härte und Brutalität Betroffenen (*notwendige Härte gegen andere* wurde das genannt) verunglimpft.

- Die Werte und Regeln, wie Ehre, Treue, sauberes Familienleben, die z.B. innerhalb der SS galten, verloren ihre Gültigkeit im Verhältnis zu anderen (sogenannte doppelte Moral).

- Wissen war für die Arbeit bzw. die Erreichung der Ziele der SS nicht erforderlich. Bewußtsein war gefragt: Herrenbewußtsein, Elitebewußtsein, Freund-Feind-Bewußtsein.

- Durch die Mitarbeit in der SS war im gewissen Sinne gesellschaftliches Ansehen verbunden. Durch Schärfe und Rücksichtslosigkeit, Hochmut, Unerbittlichkeit und Furchtverbreitung wurde dieses Ansehen noch erhöht.

- Kritisches Denken war nicht erwünscht und zur Erledigung ihrer Aufgaben nicht erforderlich. Es wurde als zersetzend, gefährlich, treulos, *jüdisch* verpönt.

- Sie zweifelten nicht an der Richtigkeit dessen, was ihnen die Führung sagte. Zweifel wäre Verrat gewesen, ihre *Ehre aber hieß Treue*, und sie blieben sich selber treu.

Interessant ist auch, daß die SS-Leute und Teile der SA, der Polizei und des Militärs häufig aus den einfacheren sozialen Schichten stammten.

Diese Personen sahen in einer Parteikarriere bzw. in einer Mitarbeit in einer NS-Organisation die Möglichkeit, ihrem bisherigen sozialen Stand zu entfliehen und gesellschaftlich aufzusteigen.

Hinzu kam, daß sie durch ihre neue Rolle und ihre neue Aufgabe auf einmal ungeheure Macht in die Hand bekamen: Macht über Leben und Tod und Vermögen von Menschen, die Macht über andere Menschen entscheiden zu können, ihr Schicksal bestimmen zu können.

Häufig diente die Tätigkeit und Funktion in einer NS-Organisation als sozialer Aufstieg sowie der Aufwertung der eigenen Person.

103

6.2

1. Unterstreicht die wichtigsten Aussagen!
2. Arbeitet sog. *Schlüsselwörter* heraus!
3. Faßt den Text anhand der Schlüsselwörter in einem Kurzreferat zusammen!
4. Entspricht der im Film dargestellte Kommandant Göth diesem hier beschriebenen SS-Typ? Begründet Eure Antwort!
5. Vergleicht (z. B. mit Hilfe einer Tabelle) die Darstellung der SS-Leute mit der Beschreibung von Neonazis in dem Buch *Ich war ein Neonazi*:

Immer mehr seiner Freunde driften nach rechts ab, auch Frank Lutz und der unscheinbare Tilo Hähnert. Rechts zu sein heißt: sich von den schmutzigen Punks abzusetzen, sich nichts gefallen zu lassen und sich für die Sache, was auch immer das sei, zu begeistern.
Einige haben schon zu dieser Zeit Kontakte zur rechten Szene in Westberlin, vor allem zu den dortigen Hooligans. Tilo Hähnert sieht sich jede Wochenschau aus der Nazizeit an, die im Fernsehen zu sehen ist, und nimmt dutzende davon auf. Er weiß wenig über den Faschismus, versteht aber – wie kann es anders sein – etwas ganz anderes darunter als die Lehrer ... Ihn faszinieren die begeisterten Massen, die in den alten Filmen gezeigt werden ...

Kameradschaft, Disziplin, Zusammenhalt *sind Begriffe, mit denen Tilo Hähnert sich identifizieren kann ...*
Hähnert glaubt, und darin ist er sich mit vielen einig, die Situation der SA Hitlers sei ähnlich gewesen wie die ihre: Gegen die politischen Feinde auf der Straße und in den Sälen zu kämpfen, gegen den verhaßten Staat zu sein, eine neue, sozial gerechte Ordnung zu wollen und das alles zu erreichen durch unbedingten Zusammenhalt der Truppe. Die Morde und terroristischen Gewaltakte gegen politische Gegener, die auf das Konto der SA in den zwanziger und dreißiger Jahren gingen, nimmt er nicht zur Kenntnis ...
„Wir fanden vor allem gut", sagt Hasselbach, „daß da (gemeint sind die Filme aus dem 2. Weltkrieg / Anm. d. Verf.) viel rumgeballert wurde." Und der Idealismus: „daß sich da so verausgabten und genau wußten, wofür sie kämpften und sich dafür voll einsetzten ..."

Ich fragte Hasselbach, wieso er damals Gewalt bejahte, schließlich kommt er aus einem Elternhaus, in dem Gewalt, bis auf Ausnahmen, nicht die gewohnte Art der Auseinandersetzung war. Ich erhielt zur Antwort, daß er Gewalt gegen den politischen Gegner für gerechtfertigt hielt. Und: Nur mit Gewalt meinte er überhaupt noch etwas erreichen zu können, nur so konnte er auf sich aufmerksam machen, sich ein Prestige in einer Szene verschaffen.
Vielleicht spielte auch ein eher privater Grund eine Rolle: Viele junge Frauen standen auf ultraharte Typen, *die haben es geil gefunden, mit einem Kerl zusammenzusein, der ständig mit einem Bein im Knast war ...*

(aus: Burkard Schröder: Ich war ein Neonazi; Ravensburg, 1994, S. 33–35)

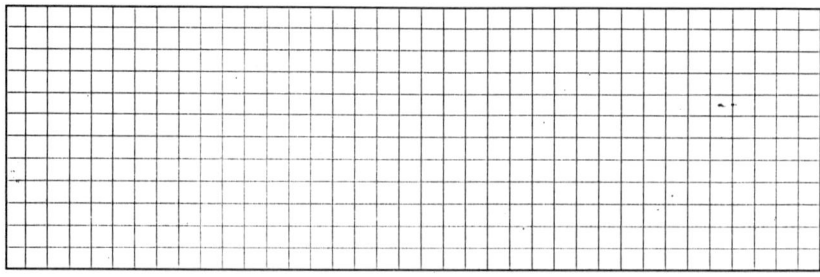

Widerstand im Dritten Reich

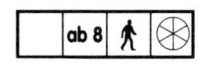 

7.1 ❗ Schülergespräch nach dem Unterricht

Frank: „Spielen wir heute Fußball?"

Michael: „Klar, um drei sind wir alle auf dem Bolzplatz.
Wir wollen doch gegen die Typen von der Schillerstraße spielen!"

Frank: „Die sind aber verdammt gut, die spielen fast alle im Verein."

Kai: „Das wird hart. Da brauchen wir gute Leute.
Wie wär´s, wenn Murat bei uns mitspielen würde, der ist unheimlich schnell!"

Frank: „Der Türke, nee, mit dem spiel´ ich nicht zusammen. Dann verlier´ ich lieber!"

Michael: „Mit dem spiel´ ich auch nicht!"

Bernd: „Mich könnt ihr dann auch vergessen!"

Spielt diese kurze Szene weiter! Wie verhält sich Kai? Fügt er sich ohne Widerspruch?
Kämpft er für den Einsatz des türkischen Jungen? Warum wollen die anderen Murat nicht mitspielen lassen?

7.2

Während der Naziherrschaft in Deutschland gab es eine ganze Reihe von Menschen, die nicht einverstanden waren mit den Ideen und der Politik Hitlers. Vor allem die zahlreichen Verletzungen der Menschenrechte, die willkürlichen Verhaftungen von Gegnern der Nationalsozialisten, die diktatorische Ausübung der Regierungsgewalt, die Auslösung des Zweiten Weltkrieges und nicht zuletzt die Judenverfolgung bzw. -vernichtung stießen bei einer Anzahl von Menschen auf Ablehnung. Viele von ihnen allerdings wehrten sich nicht, sondern *machten eine Faust in der Tasche* und arrangierten sich irgendwie mit dem Regime.

Andere verließen Deutschland, wie eine Reihe von Wissenschaftlern und Künstlern, um ihre Arbeit ungehindert fortführen zu können. Es gab aber auch Menschen, die sich mehr oder weniger direkt – daher unterscheidet man auch den aktiven und passiven Widerstand – gegen die Nationalsozialisten stellten, Widerstand leisteten.

Dabei waren die Formen des Widerstandes sehr unterschiedlich, der Wirkungsgrad verschieden. Aber immer setzten diese Menschen Zeichen, zeigten sie, daß sie sich nicht mit den Gegebenheiten abfinden wollten.

7.3 Stichwort *Widerstand*

„Als Widerstand *wird die aktive Opposition gegen die Gewaltherrschaft und die Kriegspolitik der faschistischen Diktaturen in Europa zwischen 1922 und 1945 bezeichnet, besonders gegen die NS-Herrschaft in Deutschland sowie in den seit 1938/39 besetzten Ländern (auch Antifaschismus, Résistance, Resistenza).*
Widerstand *wurde individuell, von kleinen Gruppen, von Kreisen innerhalb der Institutionen des jeweiligen Regimes, in den besetzten Ländern auch von bewaffneten Untergrundorganisationen aus sehr unterschiedlichen politischen, ideologischen und ethischen Motiven und in vielfältigen Formen und Intensitätsgraden – von der Hilfe für Verfolgte und heiml. Gegenpropaganda bis zu wirkungsvollen Sabotageakten, Attentaten auf Vertreter des Regimes und Umsturzversuchen – geleistet."*

(aus: Meyers Taschenlexikon Geschichte; Mannheim, 1982, Bd. 6, S. 265)

7.4 📖 **Ein Beispiel – *Die Weiße Rose:***
Die studentische Widerstandsgruppe *Weiße Rose* wird hier stellvertretend für den Widerstand im Dritten Reich näher dargestellt.

Am 18. Februar 1943 betraten die Geschwister Scholl kurz vor elf Uhr vormittag die Universität (in München. Anm. d. Verf.) und legten einen Teil der Flugblätter, die sie in einem Koffer mitgebracht hatten, auf die Treppen und Fenstersimse; die restlichen Flugblätter warfen sie von der Galerie des obersten Stockwerkes in den Lichthof, kurz bevor die Vorlesungen beendet waren und sich die Türen zu den Vorlesungsräumen wieder öffneten.
Als sie mit dem leeren Koffer die Universität verlassen wollten, wurden sie vom Pedell (Hausmeister. Anm. d. Verf.) der Universität. Jakob Schmied, der den Vorgang beobachtet hatte, festgehalten und zum Hausverwalter geführt.
Der Universitätssyndikus, Oberregierungsrat Dr. Haefner, und der Rektor, SS-Oberführer Prof. Dr. Wüst, verständigten die Gestapo (Geheime Staatspolizei. Der Verfasser), woraufhin das gesamte Universitätsgebäude abgesperrt wurde und alle anwesenden Studenten durchsucht wurden. Aber erst die Durchsuchung von Scholls Zimmer konnte den Verdacht gegen die Geschwister Scholl erhärten, nachdem diese anfangs hartnäckig geleugnet hatten.

(aus: Günther Kirchberger: *Die Weiße Rose*; München, o.J., S. 20)

Zum inneren Kreis der studentischen Widerstandsgruppe *Weiße Rose* gehörten sechs Mitglieder: die vier Medizinstudenten Hans Scholl, Alexander Schmorell, Christoph Probst und Willi Graf, Scholls Schwester Sophie, Philosophie- und Biologiestudentin und Prof. Kurt Huber, Dozent für Psychologie und Philosophie. Die vier Medizinstudenten waren gleichzeitig Angehörige der Studentenkompanie.
Dem äußeren Kreis der *Weißen Rose*, dem Freundeskreis der sechs oben Genannten, gehörten vor allem an: Traute Lafrenz (Medizinstudentin), Herbert Furtwängler, Ottmar Hammerstein, Wolf Jaeger (alle Angehörige der Studentenkompanie), Gisela Schertling (Freundin von Hans Scholl), Annemarie Graf (Schwester Willi Grafs). Alle gemeinsam hatten sie ein großes Interesse an künstlerischen und literarischen Fragen sowie eine intellektuelle Oppositions- bzw. Widerstandshaltung gegenüber dem menschenverachtenden und darüber hinaus auch kunstfeindlichen NS-Staat.

„Im Juni und Juli 1942 fertigten Scholl und Schmorell mit Hilfe einer Schreibmaschine und eines Abziehgerätes, die von Schmorell besorgt worden waren, vier Flugblätter an, die sie als Flugblätter der Weißen Rose bezeichneten; davon wurden in der Zeit vom 27.6. bis zum 12.7. mehrere hundert Exemplare an zumeist in München lebende Personen versandt, mit dem Ziel, die Zahl der Gegner des Nationalsozialismus zu vergrößern. Auslösendes Moment für Scholls Entscheidung, Flugblätter zu verbreiten, soll ... das Beispiel des Bischofs von Münster, Graf Galen, gewesen sein.“

(aus: Ebd., S. 15/16)

7.5 ☞ **Die wichtigsten Widerstandsgruppen des Dritten Reiches:**

7.6 **Aus den Flugblättern der *Weißen Rose*:**

Auch dem dümmsten Deutschen hat das furchtbare Blutbad die Augen geöffnet, das sie im Namen von Freiheit und Ehre der deutschen Nation in ganz Europa angerichtet haben und täglich neu anrichten. Der deutsche Name bleibt für immer geschändet, wenn nicht die deutsche Jugend endlich aufsteht, rächt und sühnt zugleich, ihre Peiniger zerschmettert und ein neues geistiges Europa aufrichtet. Studentinnen! Studenten! Auf uns sieht das deutsche Volk! Von uns erwartet es, wie 1813 die Brechung des napoleonischen, so 1943 die Brechung des nationalsozialistischen Terrors aus der Macht des Geistes.

Warum regt Ihr Euch nicht, warum duldet Ihr, daß diese Gewalthaber Schritt für Schritt offen und im verborgenen eine Domäne Eures Rechts nach der andern rauben ... Ist Euer Geist schon so sehr der Vergewaltigung unterlegen, daß Ihr vergeßt, daß es nicht nur Euer Recht, sondern Eure sittliche Pflicht ist, dieses System zu beseitigen? ...

Verbergt nicht eure Feigheit unter dem Mantel der Klugheit ... Es gärt im deutschen Volk: Wollen wir weiter einem Dilettanten das Schicksal unserer Armeen anvertrauen? Wollen wir den niederen Machtinstinkten einer Parteiclique den Rest der deutschen Jugend opfern? Nimmermehr! Der Tag der Abrechnung ist gekommen, der Abrechnung der deutschen Jugend mit der verabscheuungswürdigsten Tyrannis, die unser Volk je erduldet hat.

Im Namen der deutschen Jugend fordern wir vom Staat Adolf Hitlers die persönliche Freiheit, das kostbarste Gut der Deutschen, zurück, um das er uns in der erbärmlichsten Weise betrogen. In einem Staat rücksichtsloser Knebelung jeder freien Meinungsäußerung sind wir aufgewachsen. HJ, SA, SS haben uns in den fruchtbarsten Bildungsjahren unseres Lebens zu uninformieren, zu revolutionieren, zu narkotisieren versucht. Weltanschauliche Schulung hieß die verächtliche Methode, das aufkeimende Selbstdenken in einem Nebel leerer Phrasen zu ersticken ...
Es gibt für uns nur eine Parole: Kampf gegen die Partei!

(aus: Klaus Vielhaber: Gewalt und Gewissen – Willi Graf und die *Weiße Rose* –; Freiburg, 1964, S. 15/16)

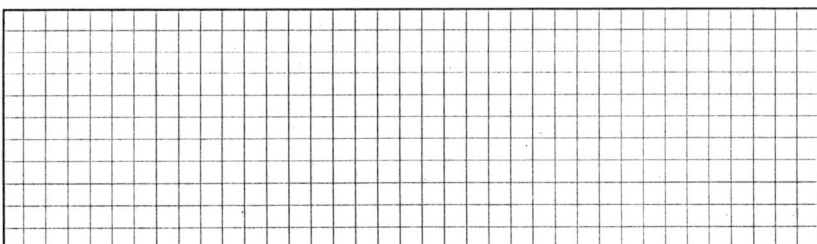

7.7

Das Wort *Widerstand* ist Euch bestimmt schon häufig begegnet; und wenn es nur um das Erlernen der richtigen Schreibweise (nicht mit *ie*) ging. Aber habt Ihr Euch schon einmal Gedanken darüber gemacht, was dieser Begriff überhaupt besagt und welche Bedeutung er für die Zeit des Nationalsozialismus hat?

Versucht zunächst einmal, den Begriff *Widerstand* zu erklären!

Bei 7.3 könnt Ihr unter dem *Stichwort: Widerstand* eine genaue Definition dieses Begriffes nachlesen.

7.8

1. Arbeitet die wichtigsten Aussagen aus den Flugblattauszügen der *Weißen Rose* heraus und faßt Eure Ergebnisse kurz schriftlich zusammen!

2. Welche Form des Widerstandes bevorzugten die Mitglieder der *Weißen Rose*?

3. Beschäftigt Euch – z.B. mit Hilfe Eures Geschichtsbuches und anhand anderer geeigneter Materialien – mit weiteren Widerstandsgruppen oder einzelnen Widerständlern!

Widerstand heute

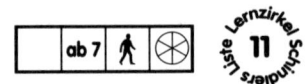

11.1 *„Widerstand war möglich!"* Dies wird als eines der Hauptargumente für den Film *Schindlers Liste* immer wieder genannt. Er zeige, daß Widerstand von Einzelpersonen gegen das Nazi-Regime möglich war.

Und so wie Schindler gab es eine Reihe von Leuten, die *ihre / ihren* Juden gerettet, persönlichen Widerstand geleistet haben. (Siehe hierzu auch Lernstation 10) Eine Reihe von diesen Widerständlern waren NSDAP-Mitglieder, die also Vertreter des Nazi-Systems waren, die verführt waren und sich hatten verführen lassen.

Aber irgendwann war für sie eine Grenze erreicht, bei der sie nicht mehr mitmachen wollten. Diese Menschen haben durch ihr Handeln bewiesen, daß das Gerede vom sog. absoluten Befehlsnotstand (also der absoluten *Verpflichtung* zur Ausführung eines Befehls) und von der Sinnlosigkeit (*„Man konnte ja doch nichts dagegen tun. Wer sich querstellte, kam ins KZ oder wurde direkt erschossen."*) jedes Widerstandes als Ausrede widerlegt ist.

11.2

1. Was bringen uns heute diese Erkenntnisse?

2. Könnt Ihr aktuelle Bezüge herstellen?

3. Denkt z.B. an die Ereignisse in Bosnien oder an die zahlreichen Menschenrechtsverletzungen in vielen Staaten der Erde, an politische Morde und das Verschwindenlassen von Menschen, an Folter und Todesstrafe!
   Sicherlich sind die Ausmaße des Terrors in Bosnien nicht vergleichbar mit dem NS-Vernichtungssystem. Aber für die Betroffenen ist es unerheblich, ob sie Opfer eines systematischen Völkermords oder Opfer von staatlich geförderten Killertrupps in diktatorischen Regimes sind.

4. Informiert Euch über die aktuelle Situation in menschenrechtsverachtenden Terrorsystemen!

5. Dokumentiert Eure Arbeitsergebnisse (z.B. Wandzeitung)!

6. Diskutiert die Frage, warum wir (damit ist jeder von uns, aber damit sind auch die Regierungen der sog. freien Völker gemeint) stillhalten und nichts tun für die mißhandelten Menschen in den Terrorregimes bzw. gegen die Verursacher vorgehen! Oder reicht uns die jährliche Geldspende zur Gewissensberuhigung aus? Denn: Wir können ja doch nichts tun?

7. Welche Maßnahmen könnten ergriffen werden? (Was kann jeder einzelne, was der Staat tun?)

8. Informiert Euch in diesem Zusammenhang über die Diskussion zu den Bundeswehreinsätzen in Krisengebieten (sog. Blauhelmeinsätze)!
   Diskutiert diese Problematik!
   Verfolgt die politische Diskussion sowie auch die Rechtsprechung zu diesem Thema!

9. Erkundigt Euch nach Aktivitäten von *amnesty international* bzw. diversen Hilfsorganisationen!

10. Eine weitere interessante Frage: Sollen Staaten sich eigentlich in die sog. inneren Angelegenheiten eines anderen Staates einmischen dürfen?
    Konkret z.B.: Sind die Staaten der Europäischen Union oder die UN-Truppen oder die NATO-Truppen der verschiedenen Länder berechtigt (vielleicht sogar verpflichtet), in den Bosnienkrieg einzugreifen?

➡

Widerstand ist aber nicht nur gegenüber menschenrechtsverachtenden Unrechtssystemen oder kriegstreibenden Staaten etc. denkbar, sondern auch innerhalb eines demokratischen, die Menschenrechte respektierenden Staates. So sind Situationen, Entscheidungen, politische Vorhaben etc. möglich, die den Widerstand einzelner provozieren.

11. Fertigt eine Tabelle und erläutert und formuliert Motive und Möglichkeiten von Widerstand in folgenden Bereichen:

- Bau/Betrieb – von Kernkraftwerken

    – von Entsorgungsanlagen für atomaren Abfall

    – von umweltbelastenden Unternehmen (Boden-, Luft-, Wasserbelastung, Lärmbelästigungen usw.)

- Bau einer Bundesautobahn durch ein Landschaftsschutzgebiet

- Genehmigung einer neonazistischen Veranstaltung (*Gedenktag* o.ä.)

Die meisten Beispiele, die hier aufgeführt worden sind, beschäftigen sich mit dem Umweltschutz. Es sind aber auch andere Bereiche denkbar, wie z.B. die Diskussion/Entscheidungen zum § 218, dem sog. *Abtreibungsparagraphen...*

12. Überlegt weitere Themen und ergänzt entsprechend die Tabelle!

 Das Unrecht sehen wollen

Die Sozialpsychologen Bibb Latané und John Darley hatten schon in den 70er Jahren in einer Serie von Experimenten einen fünfstufigen psychischen Prozeß beschrieben, der aus unbeteiligten Zeugen des Unglücks anderer mit großer Wahrscheinlichkeit Helfer macht:

- Die Erkenntnis: Irgend etwas stimmt hier nicht!
- Die Interpretation: Ein Mensch braucht Hilfe.
- Die Bereitschaft: Verantwortung für diese Hilfe zu übernehmen.
- Die Wahl der geeigneten Hilfs-Mittel,
- Die Durchführung der Hilfs-Aktion.

Aufgabe: Versucht, diesen fünfstufigen Prozeß auf das Verhalten Oskar Schindlers anzuwenden und beschreibt anhand konkreter Beispiele die einzelnen Stufen!

11.4 ! Während zur Zeit der Naziherrschaft Machtmißbrauch und menschenverachtende Verhältnisse herrschten, die durch das staatliche System geprägt und von den staatlichen Institutionen begangen wurden, sind heute eher alltägliche Situationen zu bewältigen, in denen Widerstand eines jeden einzelnen notwendig ist.

Als eine Vorform des politischen Widerstands ist es notwendig im Alltag Zivilcourage zu üben.
Um Widerstand im Alltag einüben zu können, hat die Aktion *Courage* Ratschläge zum Verhalten in Bedrohungssituationen erarbeitet.

- Besprecht diese Ratschläge!

- Spielt einzelne Bedrohungssituationen durch und übt entsprechendes Widerstandsverhalten!

→

Ratschläge zum Verhalten in Bedrohungssituationen

1. Vorbereiten!
Bereite Dich auf mögliche Bedrohungssituationen seelisch vor. Spiele Situationen für Dich allein und im Gespräch mit anderen durch.werde Dir grundsätzlich darüber klar, zu welchem persönlichen Risiko Du bereit bist. Es ist besser, sofort die Polizei zu alarmieren und Hilfe herbeizuholen, als sich nicht für oder gegen das Eingreifen entscheiden zu können und gar nichts zu tun.

2. Ruhig bleiben!
Panik und Hektik vermeiden und möglichst keine hastigen Bewegungen machen, die reflexartige Reaktionen herausfordern können. Wenn ich in mir ruhe bin ich kreativer in meinen Handlungen und wirke meist auch auf andere Beteiligte entspannend.

3. Aktiv werden!
Wichtig ist, sich von der Angst nicht lähmen zu lassen. Eine Kleinigkeit zu tun ist besser, als über große Heldentaten nachzudenken.
Wenn Du Zeuge oder Zeugin von Gewalt bist:
Zeige, daß Du bereit bist, gemäß Deinen Möglichkeiten einzugreifen. Ein einziger Schritt, ein kurzes Ansprechen, jede Aktion verändert die Situation und kann andere dazu anregen, ihrerseits einzugreifen.

4. Gehe aus der Dir zugewiesenen Opferrolle!
Wenn du angegriffen wirst: Flehe nicht und verhalte Dich nicht unterwürfig. Sei Dir über Deine Prioritäten im klaren und zeige deutlich, was Du willst. Ergreife die Initiative, um die Situation in Deinem Sinne zu prägen. Schreibe Dein eigenes Drehbuch!

5. Halte den Kontakt zum Gegner/Angreifer!
Stelle Blickkontakt her und versuche, Kommunikation herzustellen bzw. aufrechtzuerhalten.

6. Reden und Zuhören!
Teile das Offensichtliche mit, sprechе ruhig, laut und deutlich. Höre zu, was Dein Gegner bzw. der Angreifer sagt. Aus seinen Antworten kannst Du Deine nächsten Schritte ableiten.

7. Nicht drohen oder beleidigen!
Mache keine geringschätzigen Äußerungen über den Angreifer. Versuche nicht, ihn einzuschüchtern, ihm zu drohen oder angst zu machen. Kritisiere sein Verhalten, aber werte ihn nicht persönlich ab.

8. Hole Dir Hilfe!
Sprich nicht eine anonyme Masse an, sondern einzelne Personen. Dies gilt sowohl für Opfer als auch für Zuschauerinnen und Zuschauer, die eingreifen wollen. Viele sind bereit zu helfen, wenn jemand anders den ersten Schritt macht oder sie persönlich angesprochen werden.

9. Tue das Unerwartete!
Falle aus der Rolle, sei kreativ und nutze den Überraschungseffekt zu Deinem Vorteil aus.

10. Vermeide möglichst den Körperkontakt!
Wenn Du jemand zu Hilfe kommst, vermeide es möglichst, den Angreifer anzufassen, es sei denn, Ihr seid zahlenmäßig in der Überzahl, so daß Ihr jemanden beruhigend festhalten könnt. Körperkontakt ist in der Regel eine Grenzüberschreitung, die zu weiterer Aggression führt. Wenn möglich, nimm lieber direkten Kontakt zum Opfer auf.

Aktives gewaltfreies Verhalten ist erlernbar:
Indem wir uns unsere Ängste und Handlungsgrenzen bewußt machen, erfahren wir gleichzeitig auch mehr über den Bereich, der zwischen diesen Grenzen liegt. Oft unterschätzen wir die Vielfalt unserer Möglichkeiten. In Rollenspielen und konkreten Übungen zum Umfang mit direkter Gewalt können wir neue kreative Antworten auf Konfliktsituationen entdecken. Verhaltenstrainings bieten uns die Chance, bisher ungewohntes Verhalten auszuprobieren, zu verändern und einzuüben.

7. Lernzirkel. Afrika
8. Lernzirkel Lateinamerika

Die Probleme von „unterentwickelten" Regionen werden anhand des afrikanischen Kontinents sowie Lateinamerikas exemplarisch behandelt. Anhand unterschiedlicher inhaltlicher und methodischer Zugänge werden die Schüler mit diesen Regionen vertraut gemacht. Gerade diese Themen bieten zahlreiche Möglichkeiten des fächerübergreifenden und projektorientierten Lernens. Und so sind in diesen Lernzirkeln hierzu auch eine Reihe von Anregungen enthalten. Beide Lernzirkel enthalten Lernspiele zur spielerischen Aneignung von Informationen sowie zur Lernerfolgskontrolle.

Gliederung: Lernzirkel Afrika	Gliederung: Lernzirkel Lateinamerika
Lernstation 1: Unser Bild von Afrika Lernstation 2: Eine Entdeckerreise durch Afrika Lernstation 3: Spurensuche bei uns Lernstation 4: Marokko Lernstation 5: Tourismus nach Afrika Lernstation 6: Straßenkinder Lernstation 7: Altes Afrika Lernstation 8: „Bevor die Kolonialherren kamen" Lernstation 9: Europas Kolonialland Lernstation 10: Gemeinsame Zukunft Lernstation 11: Kochen Lernstation 12: Fluchtkontinent Afrika Lernstation 13: Menschenrechte Lernstation 14: Wirtschaft Äthiopiens Lernstation 15: Wirtschaft – Stichwort Globalisierung Lernstation 16: Paris – Granada – Dakar	Lernstation 1: Die große Südamerikareise Lernstation 2: Spurensuche bei uns Lernstation 3: Eine Entdeckerreise durch Lateinamerika Lernstation 4: Gold – Silber – Zinn Lernstation 5: 500 Jahre Europa und Lateinamerika Lernstation 6: Die Inkas Lernstation 7: Die Anden Lernstation 8: Regenwälder am Amazonas Lernstation 9: Eine gemeinsame Zukunft Lernstation 10: Die Verschuldung Lateinamerikas Lernstation 11: Ecuadorspiel Lernstation 12: Die Kartoffel Lernstation 13: Projekte

ARBEITSBLATT 1

Aufgaben

BRAINSTORMING AFRIKA

1. Jeder in der Gruppe schreibt in das nebenstehende Feld was ihm einfällt, wenn das Wort AFRIKA fällt!

2. Vergleicht das, was Ihr aufgeschrieben habt! Versucht zu ordnen!

3. Versucht gemeinsam zusammenfassende Thesen/-Leitsätze zum Thema „Was bestimmt unser Bild von Afrika? zu formulieren (Kasten unten)! Auch kannst du Bilder, Fotos ... hinein kleben.

BRAINSTORMING AFRIKA

Was bestimmt unser Bild von Afrika?

ARBEITSBLATT 2

Wie Schlagzeilen ein Bild bestimmen können!

Hier sind einige Schlagzeilen, die heute irgendwo in der Welt über Europa in Zeitungen stehen könnten:

Wirtschaftskrise in Europa! Jugendarbeitslosigkeit steigt!

Flüchtlingselend in vielen Staaten Europas! Schon wieder sollen Vosnier in ihre Heimat abgeschoben werden!

Das Leben in Europa wird immer gefährlicher! Tausende Verkehrstote auf Europas Straßen!

Europäer leben gefährlich! Immer mehr Asthmakranke!

Europäer haben Angst! Sie machen ihre Grenzen dicht – es gelingt nicht!

Europa stirbt aus! Schon wieder weniger Geburten als Todesfälle!

Die Angst geht um in Deutschland! Häuser von Fremden brennen!

Aufgaben

1. Beschäftigt euch mit den Schlagzeilen und kennzeichnet sie :
– schwarzer Punkt = Ich stimme zu!
– roter Punkt = Ich stimme nicht zu!
– Fragezeichen =
Das verstehe ich nicht!
– Kreuz = Da muss man erst ' mal drüber reden!
2. Wertet die vergebenen Symbole aus!
3. Sprecht darüber, weshalb es zu dem „Bild" gekommen ist!
4. Vergleicht die Schlagzeilen mit den von euch vorher aufgeschriebenen Leitsätzen zu Afrika:
– Gibt es Unterschiede?
– Gibt es Parallelen?
– Welche Folgerungen können wir daraus ziehen?

Berichterstattung über Afrika

Zunehmend wird gefordert, dass sich die Berichterstattung über Afrika in unseren Medien ändern muss. Die Öffentlichkeit bei uns verbindet Afrika in erster Linie mit Seuchen, Hungerkatastrophen, Flüchtlingen und Bürgerkriegen. Bei einer Aktion haben Misereor und der BDKJ (Bund der Deutschen katholischen Jugend) schon 1995 in einer großen Aktion versucht die Öffentlichkeit auf die einseitige Berichterstattung aufmerksam zu machen. Auf zwei Plakaten stellten sie ihre Forderungen auf: GOOD NEWS FROM AFRIKA und DU SOLLST NICHT NUR VOM TÖTEN BERICHTEN! Die Aktion konnte sich auf eine Untersuchung stützen, die der Journalist W. Michler in seinem „Weißbuch Afrika" vorgestellt hat: Der Anteil der Berichterstattung über Dritte - Welt - Länder betrug bei „Tagesschau" und „heute" 4,5 Prozent. „Von 1125 Minuten Gesamtnachrichten waren 1,7 Minuten (gleich 0,15 Prozent) Schwarzafrika gewidmet". Den breitesten Raum nahmen dazu noch Nachrichten über Katastrophen und blutige Auseinandersetzungen ein.

Spurensuche: Lateinamerika bei uns

Wo hat Lateinamerika unsere Kultur bereichert? Gehen wir gemeinsam auf die Suche!
Erkundungen bei Fachleuten und Laien...

Gruppe 1
Spurensuche Musik

Was fehlte in unserer Musik ohne Einflüsse aus Lateinamerika?
Wo: Musikalienhandlungen, Musikschulen, Musiklehrer, Tanzschulen, Tanzlehrer
Tipps: Einige Schlagworte als Tip für die Spurensuche:
Welche Einflüsse lateinamerikanischer Musik haben sich in Europa bemerkbar gemacht?
Viele Einflüsse aus Lateinamerika auf unsere Musik nehmen wir heute als selbstverständlich.
Rhythmen und Tänze aus Lateinamerika
Tango, Rumba, Samba, cha - cha - cha, Habanera, Mambo...
Musikinstrumente
Bombo, Rumbakugel (Rhythmusinstrumente), Zampona, Antarra (Panflötenähnliches Instrument), Charango (Gitarrenähnlich), Kena (Flöte)
Musikgruppen
Los Incas - Los Desperados - Los Peruvianos - Los Jairas - Los Condores - Los Parguayos ...
Viele Gruppen leben und musizieren für einige Jahre in Europa und kehren dann nach Lateinamerika zurück.
Bekannt gewordene Melodien
El condor pasa, Guantanamera
Musik aus den Anden ist auf Schallplatten verfügbar. Einzelne Gruppen (z.B. Los Parguayos) haben sogar kommerziell Erfolg gehabt. Allerdings sollten SchülerInnen auf den Unterschied zwischen originärer und kommerziell ausgewerteter Musik hingewiesen werden.

Gruppe 2
Spurensuche Literatur

Lateinamerikanische Musik ist bei uns gefragt
Wo: Buchhandlungen, Bibliotheken
Tipps: Lateinamerikanische Literatur wird bei uns auch von vielen Menschen die sonst Lateinamerika nicht interessiert, viel gelesen.
- Spurensuche in Bibliotheken: Welche Autoren aus Lateinamerika sind in der Schulbibliothek vertreten?
- bei Buchhandlungen: Gibt es Bestseller aus Lateinamerika?
Besondere Tipps des Buchhändlers?
Hinweis: Bücherlisten zu Lateinamerika gibt es auch bei ILA, Heerstraße 205, Bonn
Aktionsvorschlag
- Anschaffungsvorschläge für die schulbibliothek machen
- Mit Hilfe der Schulbibliothek oder einer Buchhandlung einen Büchertisch mit Literatur aus Lateinamerika und Sachbüchern über Lateinamerika einrichten...
- Lesemarathon: Es werden ausgewählte Texte (Romanauszüge, Gedichte, Geschichten) von Autoren aus Lateinamerika vorgelesen

Spurensuche: Lateinamerika bei uns

Gruppe 3:
Spurensuche Lebensmittel

Ohne Nahrungsmittel aus Lateinamerika wäre Europa fast verhungert.
Wo: Dritte Welt Läden, Einzelhandel, Supermärkte (Marktleiter fragen!)
Tipps: Aus Lateinamerika kommen zu uns:
Tabak, Bananen, andere Südfrüchte, Chili (Cayennenpfeffer), Kaffe
Aktionsvorschlag: Fairer Handel
Sich kümmern, wo es Lebensmittel direkt von den anbauenden Genossenschaften gibt (Adresse GEPA, Talstraße 20, Schwelm, Tel. 02336/10967). Auch die Erkundungeines Dritte welt Ladens lohnt immer.
Selbst solche Lebensmittel verbrauchen, den Absatz fördern (Sammelbestellungen, Verkaufstische)...

Gruppe 4:
Spurensuche Verbindungen

Wir suchen in unserer Umgebung Verbindungen zu Lateinamerika.
Wo: Industrie- und Handelskammer, große Firmen, Museen, Reisebüros, Kirchengemeinden, Nichtregierungsorganisationen
Tipps: - Wirtschaftsbeziehung von Firmen nach Lateinamerika (Umfrage, Erkundung bei der IHK)
- Ausstellungsstücke aus Lateinamerika im Museen am Ort
- Partnerschaften zwischen Gmeinden, Schulen, Kirchengmeinden ('Entwicklungshelfer, Missionare)
- Projekte der Michtregierungsorganisationen in Lateinamerika (Bei den angegebenen Adressen

Hinweis: Bücherliste

Empfehlenswerte und preiswerte Bücher zum Thema (ab ca. Klasse 10):

• Gabriel Garcia Marquez: Hundert Jahre Einsamkeit. Roman. dtv Taschenbuch
• Lesebuch Dritte Welt. Bd. 2: Neue Texte aus Afrika, Asien, Lateinamerika. Hammerverlag. Wuppertal
  1984.
• Eduardo Galeano: Die offenen Adern Lateinamerikas. Hammerverlag. Wuppertal 1983
• Augusto Cespedes: Teufelsmetall. Roman aus Bolivien. Lamuv.dialog Dritte Welt. Bornheim 1982
• Frauen in Lateinamerika (2 Bände), dtv
• Isabel Allende: Das Geisterhaus. Suhrkamp - Verlag Frankfurt 1984 (auch als Taschenbuch).
• Pablo Neruda, Gedichte. Spanisch und Deutsch. Suhrkamp Bs 908
• Ernesto Cardenal, Das poetische Werk. 9 Bände. Peter Hammer Verlag. Wupertal u.a.
- In der Nacht der leuchtenden Wörter
- Die Farbe des Quetzal
- Wir sehen schon die Lichter

Abschließend finden Sie auf den folgenden Seiten Beispiele für Schülerhinweise („Liebe Schülerin, lieber Schüler!") sowie einen Laufzettel. Ebenfalls habe ich hier die Hinweise für Lehrer aufgenommen, weil aus ihnen einige konkrete Hilfen für die Organisation der Lernzirkelarbeit entnommen werden können.

Bei den Schülerhinweisen sind Symbole aufgeführt, die auf den einzelnen Materialien angebracht werden können. In der Kopfspalte „meiner" Materialien sehe ich immer leere Kästchen vor, in die ich konkrete Angaben zur Anzahl der Personen, die die jeweilige Station bearbeiten sollen oder die ungefähre (evtl. auch maximale) Zeitdauer eintrage. Auch kann ich hier angeben, ob und ggf. welche Hilfsmittel (Buch-Symbol mit einem „L" bedeutet, dass es ein Lexikon in der Ersten-Hilfe-Station gibt, mit dessen Hilfe ein bestimmter Begriff, der an dieser Station auftaucht, geklärt werden kann) benötigt werden und vorhanden sind. Allerdings sollten diese detaillierten Hilfs-Hinweise nur bei jüngeren Schülern gegeben werden. Später, ca. ab der Klasse 4, sollten sie selbstständig in der Lage sein, solche Probleme zu lösen.

Lehrer- und Schülerhinweise sowie der Laufzettel sind dem Lernzirkel „Wahlen" entnommen.

Liebe Schülerin, lieber Schüler,

ob Miß-World-Wahl, Wahl zur Miß Buxtehude oder zur Weinkönigin, Wahl des Vorstands eines Kleintierzüchtervereins, Briefmarkensammler- oder Fußballclubs, ob Menüwahl im Restaurant, Programmwahl beim Fernsehen, Partnerwahl in der Tanzstunde oder auch anderswo, ob Klassensprecherwahl, Berufswahl, Bundestagswahl, Europawahl:

So begegnen uns in vielen Lebensbereichen und zu zahlreichen Anlässen **Wahlen**!

Wählen bedeutet *Aus-Wählen*.
Auswählen zwischen mehreren Möglichkeiten.

Wählen ist ein Ausdruck der freien Entscheidung von Menschen für oder gegen etwas, für oder gegen Personen usw.

Wählen ist in einer Demokratie (das heißt in einer sogenannten *Volksherrschaft*) ein wesentliches Recht der Bürgerinnen und Bürger, politische Mitbestimmung auszuüben.

Aber: Wer die Wahl hat – hat die Qual!

Und Quälen heißt: Sich informieren müssen, eine Meinung bilden, eine eigene (politische) Position beziehen, diese Position/Meinung/Auffassung mit anderen diskutieren, gegen andere durchsetzen, danach handeln können!

Der **Lernzirkel Wahlen** bietet zahlreiche Möglichkeiten dazu!

Es gibt – ähnlich wie beim Zirkeltraining (Circuittraining) beim Sport – eine Anzahl von *Stationen*, an denen bestimmte *Übungen*, also Aufgaben, zu bewältigen sind.

Die Lernstationen sind jeweils auf einer oder mehreren beidseitig bedruckten DIN A4-Kopiervorlagen dargestellt.
Für welche Klassenstufe(n) die einzelne Station besonders geeignet ist, und wie lange man ungefähr für die Bearbeitung der Aufgaben benötigt, ist auf jedem Bogen angegeben. Ebenfalls auf den einzelnen Lernstationen ist angegeben, wie viele Personen notwendig sind, um an einer Lernstation arbeiten zu können. Die meisten Stationen sind sowohl für Einzel- als auch für Partner- bzw. Gruppenarbeit vorgesehen.

Den beiliegenden Laufzettel – **vorher für jeden kopieren**! – bitte jeweils nach Beendigung einer Lernstation ausfüllen.

Ihr seht auf den Arbeitsbögen der Lernstationen eine Reihe von Symbolen, die jeweils eine bestimmte Arbeitsform bzw. Aktivität von Euch erwarten.
Was die Symbole im einzelnen bedeuten, erfahrt Ihr weiter unten!

Am Ende dieser Vorbemerkungen findet Ihr eine Liste von Hilfsmitteln, die in jeder Klasse bzw. an der entsprechenden Lernstation vorhanden sein sollten.

Und nun kann's losgehen!

Organisiert gemeinsam mit Eurer Lehrerin/Eurem Lehrer die Arbeit mit diesem Lernzirkel und Ihr werdet am Ende des Trainings Wahlprofis sein!

Also dann: Viel Spaß und Erfolg bei der Arbeit mit dem **Lernzirkel Wahlen**!

Hans-Jürgen van der Gieth

Die Symbole und ihre Bedeutung:

 Diese Aufgabe kann – aber muß nicht – alleine bewältigt werden

 Diese Aufgabe muß zu mehreren – in diesem Falle 4 – bewältigt werden

 Für diese Aufgabe benötigt man die angezeichnete Zeit. Ein Kreissektor entspricht 10 min.

 Lesen

 Information

 Nachdenken, Überlegen, Bearbeiten

 Wahl-Aufgabe

Benötigte Hilfsmittel:

• Ordner, Kladde, Zeitschriftenschuber (um z. B. Zeitungsartikel zu den Auswahl-Themen zu sammeln)

• Große leere Blätter/Plakate oder auch Tapetenrollen (um z.B. eine Wandzeitung anzufertigen)

• Verschiedenfarbige Filzstifte, Scheren, Kleber, Heftmaschine, Heftzwecken

• Alte Zeitschriften, um Fotos, Buchstaben, Textteile u. ä. für Collagen, Plakate usw. ausschneiden zu können

• Cassettenrecorder, Fernseher und auch eine Videokamera wären ganz hilfreich

117

Laufzettel zum Lernzirkel **Wahlen** von _____

(Name des Schülers/der Schülerin)

Nr.	Thema Lernstation	begonnen am/beendet am/ bearbeitet am/Kommentar
Lernzirkel 1	Funktion von Wahlen	
Lernzirkel 2	Mitbestimmung in der Schule	
Lernzirkel 3	Wahlen in der Demokratie	
Lernzirkel 4	Aktives und passives Wahlrecht	
Lernzirkel 5	Wahlgrundsätze	
Lernzirkel 6a	Wahlsysteme	
Lernzirkel 6b	Änderung des Wahlrechts	
Lernzirkel 7	Kandidatenaufstellung	
Lernzirkel 8	Bundestagswahl	
Lernzirkel 9	Parteienwerbung	
Lernzirkel 10	Parteien in der BRD	
Lernzirkel 11	Fernsehwerbung	
Lernzirkel 12	Ausländerwahlrecht	
Lernzirkel 13	Nichtwähler	
Lernzirkel 14	Wahlkampf- und Parteienfinanzierung	
Lernzirkel 15	Landtagswahlen	
Lernzirkel 16	Europawahl	
Lernzirkel 17	Kommunalwahlen	
Lernzirkel 18	Wahlprofis gesucht!	

Liebe Politiklehrerin, lieber Politiklehrer,

nicht nur im Jahr einer Bundestagswahl wie 1998 ist die Beschäftigung mit dem Thema „Wahlen" im Politikunterricht bzw. im sozialkundlichen Unterricht unerläßlich und notwendig.

Da das Thema Wahlen immer im Mittelpunkt der öffentlichen Diskussion steht, ist auch eine zumindest ansatzweise vorhandene Motivation der Schülerinnen und Schüler zu erwarten. Allerdings – und das macht eine Beschäftigung im Unterricht nicht gerade einfacher – ist der Informationsstand der Schüler/innen meist sehr gering. Vor allem die formalen und daher recht „trockenen" Inhalte (Wahlrecht, Wahlsysteme etc.) sind daher schwer vermittelbar.

Der *Lernzirkel Wahlen* ermöglicht eine Beschäftigung mit dem Thema in verschiedenen kleinen Schritten, die jeweils an einer der insgesamt 18 Lernstationen getätigt werden können.
Jede Lernstation beschäftigt sich mit einem Teilaspekt. Die Schüler wechseln während der *Unterrichtsreihe Wahlen* die Lernstationen nach eigenen Vorstellungen und bearbeiten die angebotenen Materialien bzw. lösen die dort formulierten Aufgaben.
Jede Lernstation enthält neben Informationsteilen auch Aufgabenteile, die – wenn nichts Besonderes angegeben ist – zu erledigen sind , und sogenannte Wahl-Aufgaben (im Sinne von „Freie Auswahl"), die freiwillig von den Schülern bearbeitet werden können.
Die **Aufgabenteile** der einzelnen Lernstationen sind grau gerastert und haben abgerundete Ecken – sie sind damit sofort erkennbar. So könnten Sie beispielsweise die Aufgaben aller Lernstationen kopieren und auf einer Wandzeitung einen „Markt der Aufgaben" zur Auswahl vorstellen.
Der eigentlichen **Lernzielkontrolle** dient die Lernstation 18: *Wahlprofi gesucht!*
Selbstverständlich ist eine Lernzielkontrolle auch auf herkömmliche Weise – Testfragen o.ä. – möglich, und schließlich finden Sie am Ende des *Lernzirkel Wahlen* auch Lösungsblätter, die Sie zweckmäßig einsetzen können.
Und: Am Ende des Lernzirkels zeigen wir Ihnen, wie Sie wichtige Lerninhalte auf Frage-/Antwort-Kärtchen übertragen und lernen lassen können.

Der *Lernzirkel Wahlen* ist – unter Berücksichtigung unterschiedlicher Schwerpunktsetzung – ab dem Jahrgang 5 bis zur Sekundarstufe II einsetzbar.
Grundsätzlich ist eine Behandlung des Themas ab Jahrgangsstufe 8 sinnvoll; einige Themenaspekte können allerdings auch früher behandelt werden.
Sie finden an jedem Arbeitsblatt (oben rechts, neben *Lernzirkel Wahlen*) eine Reihe von Kästchen, die Ihnen verschiedene Hinweise geben und so eine Hilfe bei der Planung sein sollen:

- Als Orientierungshilfe ist immer die **Jahrgangsstufe** angegeben, für die die jeweilige Lernstation besonders geeignet ist. Das heißt aber nicht, daß die

Station nicht auch von Schülern anderer Jahrgangsstufen bewältigt werden soll bzw. kann!
ab 9 bedeutet also, daß man diese Station meiner Einschätzung nach nicht vor dem neunten Schuljahr, aber durchaus in einer höheren Klasse verwenden sollte. Aber – wie gesagt – entscheiden Sie selbst!

- Jede Lernstation enthält darüber hinaus Angaben über die ungefähre **Arbeitsdauer**. Diese Angaben beziehen sich allerdings nur auf die Arbeit im Klassenraum und nur auf die Pflichtaufgaben. Sie finden diese Angaben im Inhaltsverzeichnis. Wenn Sie möchten, daß Ihre Schüler/innen sich an diese ungefähren Angaben halten sollen, färben Sie bitte die entsprechende Zeit auf der symbolisch dargestellten Uhr ein. Die Uhr ist in 10-Minuten-Sektoren unterteilt.

- Ebenfalls ist auf jedem Lernstationsbogen angegeben, mit **wieviel Personen** mindestens an der jeweiligen Lernstation gearbeitet werden muß. Dies ist wichtig, um z.B. Rollenspiele o. ä. durchführen zu können.
Meistens sind die Lernstationen auf Aktivitäten von mehreren Schülern gleichzeitig (Gruppenarbeiten) ausgerichtet. Wenn Einzel- oder Partnerarbeit möglich ist, finden Sie als Symbol eine einzelne Figur, wenn mehrere Personen nötig sind, so sehen Sie als Symbol zwei Figuren mit einer Zahl, die angibt, wie viele es mindestens sein müssen.

- Ein Kästchen, ganz links, ist freigeblieben für Ihre eigenen Anmerkungen. Wenn Sie zum Beispiel diese Station nicht für alle verpflichtend machen möchten, könnten Sie ein **W** eintragen. Diese Abkürzung steht hier für *Wahlaufgabe* im Sinne von *Freier Auswahl*. Man darf, aber man muß nicht!
Oder Sie möchten bestimmte Stationen ganz herausnehmen und eine Reihenfolge festlegen. Dann könnten Sie in diesem Kästchen eine Numerierung der Lernstationen anbringen.

Im laufenden Text werden den Schüler/innen ebenfalls Hinweise gegeben. Die Zeichen und ihre Bedeutung sind folgende:

🕮	☞	**W**
Lesen	**Information**	**Wahl-Aufgabe**

!	🧑‍🤝‍🧑
Nachdenken, Überlegen, Bearbeiten	**(Rollen)Spiel**

Die freien Felder auf den Blättern, kariert unterlegt, sind zu Ihrer Verfügung. Vielleicht möchten Sie hier eigenen Merksätze eintragen, Karikaturen einkleben, die Lernstation mit aktuellen Zeitungsausschnitten ergänzen – bei Lernstation 8 z. B. die jeweils aktuellen Politiker oder bei Lernstation 2 einen Auszug aus dem Schulmitwirkungsgesetz Ihres Bundeslandes.

Wir halten unsere Materialien immer auf dem neuesten Stand. Es könnte aber sein, daß Sie 1998 diese Mappe gekauft haben – und 1999 tritt ein weiteres Land der EU bei. Dann sind Sie natürlich aufgefordert, Ihre Lernzirkelstation 16 zu aktualisieren (wenn Sie nicht lieber eine neue Mappe kaufen). Kleben Sie in dem Fall eine Notiz zu diesem EU-Beitritt in eines der freien Felder. Das sieht gut aus und macht wenig Mühe.

Es ist versucht worden, durch eine Reihe unterschiedlicher Methoden eine möglichst große Bandbreite an Lernvorgängen zu initiieren. Normalerweise sind die Lernstationen ohne direkte Teilnahme des Lehrers zu bewältigen. Er sollte als „Fachmann" natürlich jederzeit zur Verfügung stehen. Häufig sind Aufgaben außerhalb der Unterrichtszeit zu erledigen. Dabei handelt es sich allerdings oftmals um Auswahl-Aufgaben.

Einen wesentlichen Raum nehmen Diskussionen über bestimmte Sachverhalte ein. Immer wieder werden die Schüler aufgefordert, eine Meinung zu entwickeln und diese auch in der kritischen Auseinandersetzung mit anderen zu vertreten. Zum Beispiel bieten Pro-und-Contra-Diskussionen hierfür zahlreiche Möglichkeiten.

Ferner werden die Schülerinnen aufgefordert, zu einigen Themen typisch sozialwissenschaftliche Methoden, wie die Umfrage und das Interview, anzuwenden. Eine entsprechende Hilfestellung bei der Vorbereitung und Durchführung dieser Aktionen durch die Lehrerin ist unverzichtbar.

Nicht zuletzt der Produktcharakter einiger Arbeiten der Schülerinnen und Schüler spielt eine große Rolle: Wandzeitung, Collagen, Plakate, Videoclips, Ausstellungen, Klassenzeitung etc. stellen wichtige Unterrichtsergebnisse dar. Hierdurch soll vor allem das selbständige Arbeiten und ganzheitliche Lernen gefördert werden. Erstrebenswert ist z. B. die Erstellung eines selbstgemachten **Schülerbuches Wahlen**, in dem alle Ergebnisse der Arbeiten an den Lernstationen eingeheftet werden. So hat jeder Schüler am Ende ein eigenes Werk erstellt. Dies kann unabhängig von anderen Produkten (Wandzeitung, Plakate o.ä.) als generelle Zielvorgabe für alle Schüler formuliert werden. Unter anderem wird an einem solchen Gesamtwerk deutlich, daß sie ein komplexes Thema relativ umfassend und daher wahrscheinlich auch für sie gewinnbringend bearbeitet haben.
Hinzu kommt, daß die Ganzheitlichkeit eines Themas deutlich wird, daß viele Aspekte miteinander verknüpft, voneinander abhängig sind. Es wird klar, daß unterschiedliche Techniken und Methoden zur Bewältigung eines Themas/einer Fragestellung notwendig und sinnvoll sein können, daß ein Thema auch durchaus die verschiedenen Fächer betreffen kann.
Schließlich werden die Schüler/innen auch stolz sein auf ihre Leistung, ein eigenes Buch geschaffen zu haben, das man nun „getrost nach Hause tragen" kann.

Vor Beginn der Arbeit mit dem Lernzirkel sollten mit der Klasse bestimmte Regeln für den Ablauf des Unterrichts abgeklärt werden.

Regeln:

• Jede/r Schüler/in wählt zu Beginn der Unterrichtsstunde aus, an welcher Lernstation er/sie arbeiten möchte. Eine neue Lernstation darf erst dann wieder gewählt werden, wenn alle Pflichtaufgaben an der alten Station erfüllt sind. Am Ende der Arbeit an einer Station wird eine entsprechende Eintragung auf dem *Laufzettel*, der für jeden Schüler in fotokopierter Form vorhanden sein sollte, vorgenommen.
Die Kopiervorlagen der einzelnen Lernstationen werden wieder aufgeräumt, gebrauchtes Material wieder zurückgelegt.

• Die Lautstärke in der Klasse muß die gleichzeitige Arbeit aller Schüler ermöglichen.

• Die Lernstation 18 sollte erst dann besucht werden, wenn alle anderen oder zumindest ein großer Teil der Lernstationen „bearbeitet" worden sind.

• Die Schüler erhalten Gelegenheit, die Vorbemerkungen, die an sie gerichtet sind, zu lesen.

Vor Beginn der Arbeit mit dem Lernzirkel sollten in der Klasse folgende Vorbereitungen getroffen bzw. Hilfsmittel bereitgestellt worden sein:

Vorbereitungen

• Möglichkeiten schaffen, an Gruppentischen zu arbeiten bzw. an mindestens sechs verschiedenen Orten (Lernstationen) gleichzeitig arbeiten zu können.

• Mindestens eine freie Wand sollte zur Verfügung stehen; eventuell kann durch Stellwände die Ausstellungsfläche vergrößert werden.

• Die einzelnen Lernstationen werden an einem zentralen Ort ausgelegt, die Schüler über die Arbeit mit dem Lernzirkel informiert.

• Ordner, Kladde, Zeitschriftenschuber zur Sammlung und Aufbewahrung von Informationsmaterial.

• Verschiedenfarbige Filzstifte, Scheren, Kleber, Heftmaschine, Heftzwecken, Plakatbogen, Tapetenrollen, leere Blätter.

• Cassettenrecorder, Videorecorder, Fernsehgerät; eventuell Dia-Projektor, Fotoapparat, Schreibmaschine.

• Grundgesetz-Texte, Wahlgesetz, Schulmitwirkungsgesetz, Partei- und Wahlprogramme, Muster von Wahl-/Stimmzetteln. Diese können an einer sogenannten **Erste Hilfe Station** ausgelegt werden, die den Schülern als Anlaufstelle dient. Hier können Sie (Vorschlag!) auch die **Lösungen** aufbewahren.

Notwendige Informationen zu den einzelnen Stationen finden Sie jeweils bei den entsprechenden Lernstationen.

Viel Spaß und erfolgreiches Arbeiten mit dem *Lernzirkel Wahlen*

Hans-Jürgen van der Gieth